班组安全建设100例丛书

班组
安全文化建设
100例

崔政斌　周礼庆　编著

BANZU
ANQUAN WENHUA JIANSHE
100LI

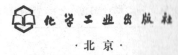

·北京·

内 容 简 介

《班组安全文化建设100例》是"班组安全建设100例丛书"的一个分册。

全书围绕班组安全文化建设这个主题，给出了100个例子。全书分为四章，分别介绍班组安全文化建设的基本方法、思想方法、管理方法和操作方法，对班组安全文化建设阐述了一系列方法和要求以及成功的实例。本书部分内容配有视频讲解，读者可通过扫描二维码观看。

《班组安全文化建设100例》可供企业管理人员、班组长和员工在安全管理和安全生产实践中阅读，也可供有关院校的师生在研究和教学中参考。

图书在版编目（CIP）数据

班组安全文化建设100例/崔政斌，周礼庆编著. —北京：化学工业出版社，2021.6（2024.6重印）

（班组安全建设100例丛书）

ISBN 978-7-122-38848-3

Ⅰ.①班… Ⅱ.①崔…②周… Ⅲ.①班组管理-安全管理-案例 Ⅳ.①F406.6

中国版本图书馆CIP数据核字（2021）第058761号

责任编辑：高 震 杜进祥		文字编辑：贾全胜 陈小滔	
责任校对：王鹏飞		装帧设计：韩 飞	

出版发行：化学工业出版社（北京市东城区青年湖南街13号 邮政编码100011）
印　　装：北京盛通数码印刷有限公司
710mm×1000mm 1/16 印张12¾ 字数203千字 2024年6月北京第1版第4次印刷

购书咨询：010-64518888　　　　　　　　　　售后服务：010-64518899
网　　址：http://www.cip.com.cn

凡购买本书，如有缺损质量问题，本社销售中心负责调换。

定　价：48.00元　　　　　　　　　　　　　　版权所有　违者必究

丛书序

2004年，我们出版了《班组安全建设方法100例》，之后又出版了《班组安全建设方法100例新编》，紧接着出版了《班组安全建设方法100例》第二版、第三版和《班组安全建设方法100例新编》第二版。在这十几年的时间里，我们共出版班组安全图书5种，为满足广大读者的需求，多次重印，累计发行超过10万册。这也说明，班组的安全工作是整个企业安全工作的基础，班组安全工作的顺利进行，企业的安全工作即顺利进行，这是广大企业的共识。

我们感觉到，虽然班组安全建设图书得到了广大读者的厚爱，但是，反过来再看这些出版了的班组安全建设图书，总觉得有些不全面、不系统、不完善。很有必要把原先的好的班组安全管理方法保留下来，增加、充实一些诸如班组现场安全管理、班组安全操作规程、班组安全教育和班组安全文化方面的内容，形成一套系列丛书，可能会对企业班组和广大班组员工的安全生产、安全管理、安全检查、安全教育、安全法制、安全思想、安全文化等诸方面起到不一样的引导、促进作用。于是，我们在原来班组安全图书的基础上，进行了扩充、完善和增补，形成了"班组安全建设100例丛书"。

该丛书包括《班组长安全管理妙招100例》《班组现场安全管理100例》《班组安全操作规程100例》《班组安全教育100例》《班组安全文化建设100例》。

《班组长安全管理妙招100例》基本上是优选的管理经典，结合现在企业班组安全管理和班组长的状况，我们从生产一线精选出100个密切联系实际、贴合班组、心系员工的例子，来给广大班组长安全管理出主意、想办法、共谋略、同发展。

《班组现场安全管理100例》按照一般企业班组现场安全生产和安全管理的要求，针对现场的应急与救护、现场作业的安全方法、现场安全管理的国家政策以及现场安全思想工作方法，用100个例子全面系统地加以阐述，其目的是想给班组现场安全管理提供一些思路和方法。

《班组安全操作规程100例》包含建筑施工、机械、电工、危险化学品四个行业的常用安全操作规程。建筑施工比较普遍，现代化建设离不开建筑施工。机械的规程是必须要有的，因为机械工业是一切工业之母。电工作业安全规程也是必不可少的，因为工业生产的动力之源主要是电源。另外，危险化学品的生产、操作、储存、运输环节都是危险的，很有必要汇入本分册中。

《班组安全教育100例》针对原书中方法较少的不足，新增大部分篇幅，对班组安全教育应"寓教于乐"、班组安全教育方法、班组安全工作谈话谈心教育以及新时期班组安全教育探讨，均做了一定的归纳、整理和研究。旨在让广大员工在进行安全教育活动时，能够取得好的成绩和效果。

《班组安全文化建设100例》从企业安全文化发展的趋势以及班组安全文化建设的思路、方法、思想等方面进行研究和探索。从班组安全文化建设的基本方法、班组安全文化建设的思想方法、班组安全文化建设的管理方法和班组安全文化建设的操作方法四个方面全面论述班组安全文化建设，为班组提供安全文化建设方法和食粮。

在我们编写这套丛书的过程中，化学工业出版社有关领导和编辑给予了悉心指导和大力帮助，在此出版之际，表示衷心的感谢和诚挚的敬意。也感谢参与本丛书编写的各位同志，大家辛苦了。

崔政斌
2020年9月于河北张家口

前言

安全文化是人类文化的重要组成部分,它是一种子文化。在现实生活中,"文化"这个概念越来越多地进入了人们的视野,文化已深深地熔铸在民族的生命力、创造力和凝聚力之中。同时,文化的渗透力和影响力在增强,即文化向大众化发展的趋势已日益凸显。

文化有广义和狭义之分。广义的文化是指人类在社会历史发展过程中所创造的物质财富和精神财富的总和。狭义的文化是指专注于人类的精神创造及其结果,主要是指人们普遍的社会习惯,如衣食住行、风俗习惯与行为规范等。安全文化是人类在社会发展过程中为维护自身安全、生存和发展所创造出的关于人与自然、人与社会、人与人之间的各种关系的有形和无形的安全成果。

企业安全文化是企业文化的组成部分,企业安全文化是企业在长期的生产和发展中为自身的安全生存和发展,有目的地创造的一种文化。企业安全文化的基础是班组安全文化。基于这种认识,笔者经过在企业几十年的生产和安全管理实践,认真研究和学习企业安全文化,认真研究和实践班组安全文化,就班组安全文化建设的各种方法进行了研究和探索,并总结出各种班组安全文化建设的方法,奉献给广大读者,特别是企业的班组长。

本书是班组安全文化建设方法的一个汇总。全书共分为四章,第一章为班组安全文化建设基本方法;第二章讲班组安全文化建设思想方法;第三章是班组安全文化建设管理方法;第四章谈班组安全文化建设操作方法。在这100个例子中,对班组安全文化建设从基本方法、思想方法、管理方法、操作方法四个方面,进行了研究与探索,旨在为广大企业班组在安全文化建设中提供一定的参考和借鉴。本书对部分内容配有视频讲解,读者扫描书中二维码,在手机上即可观看,帮助读者深入理解。本书所配视频由化工安全教育公共服务平台提供,在此表示衷心感谢。

本书在写作过程中得到了石跃武、赵海波、崔佳、李少聪、范栓红、杜冬梅等同志的大力支持和帮助,他们为本书写作中的资料收集、文字录入、阅稿、校稿、审稿等付出了辛勤的劳动和汗水,在此表示衷心的感谢。

本书在写作过程中得到了化学工业出版社有关领导和编辑的悉心指导,在此也表示诚挚的谢意。

崔政斌　周礼庆
2021 年 5 月于河北张家口

目 录

第一章 班组安全文化建设基本方法

1. 班组安全文化建设概论 …………………………………… 002
2. 班组安全文化建设的目的和意义 ………………………… 002
3. 全面实施班组安全文化战略 ……………………………… 004
4. 班组安全文化建设的思路 ………………………………… 005
5. 班组安全文化建设的途径 ………………………………… 007
6. 班组安全文化建设的基本要求 …………………………… 009
7. 班组安全文化建设的首要任务 …………………………… 011
8. 班组安全文化建设措施 …………………………………… 014
9. 班组安全文化建设的主要方法 …………………………… 015
10. 班组安全文化建设要点 ………………………………… 018
11. 夯实班组安全文化建设基础 …………………………… 019
12. 学会营造优良的班组安全文化 ………………………… 021
13. 班组安全需要文化支撑 ………………………………… 023
14. 班组安全文化建设需要全员参与 ……………………… 023
15. 班组安全文化建设要有新的手段和方法 ……………… 026
16. 用新思维、新模式营造班组安全文化氛围 …………… 028

第二章 班组安全文化建设思想方法

17. 安全文化教育是提高员工安全素质的根本途径 …… 032
18. 建立班组安全文化建设的长效机制 …………………… 032
19. 班组安全文化建设中,持之以恒是必由之路 ………… 034
20. 浅谈安全观念文化的建设 ……………………………… 035
21. 班组安全文化建设的核心是学习 ……………………… 037

22. 班组安全文化建设的载体 …………………………… 038
23. 浅谈班组员工安全文化素质 ………………………… 041
24. 班组安全文化是安全文明生产的基础 ……………… 042
25. 推动班组安全文化建设必须广泛参与并与道德
    挂钩 ……………………………………………………… 044
26. 班组安全文化的形成机制 …………………………… 045
27. 班组安全文化建设是一项系统工程 ………………… 047
28. 班组长须念好安全文化"管理经" …………………… 048
29. 班组安全文化建设应运用心理学原理 ……………… 050
30. 班组安全文化建设应与道德建设并举 ……………… 051
31. 做安全思想工作须进退有度 ………………………… 053
32. 用"心"联系员工 ……………………………………… 055
33. 以安全文化引领安全生产，以安全生产打造和谐
    班组 ……………………………………………………… 058
34. 班组安全文化建设的难点及应对办法 ……………… 059
35. 班组安全文化建设须搞好团队建设 ………………… 062
36. 推行班组安全文化须提高科学思维能力 …………… 064
37. 起草安全工作演讲稿的"六字箴言" ………………… 066
38. 开展安全演讲，促进安全文化建设 ………………… 069
39. 安全生产应当注入文化元素 ………………………… 071
40. 创新是班组安全文化建设的灵魂 …………………… 073
41. 班组安全文化与员工伦理道德 ……………………… 075
42. 安全宣誓：做安全生产的守护者 …………………… 076

第三章 班组安全文化建设管理方法

43. 宣传与科普是班组安全文化建设的重要手段 ……… 079
44. 用安全文化做好班组事故的预防和控制 …………… 080
45. 班组安全文化建设的心理学思路 …………………… 082
46. 班组安全工作检查的特性 …………………………… 084
47. 班组安全工作必须重视的"四种能力" ……………… 086
48. 把握安全工作的细节 ………………………………… 088
49. 班组安全工作应方圆兼顾 …………………………… 089

50. 做一名文化型的班组长,推行班组安全道德理念 … 091
51. 加强班组安全文化建设的措施 …………………… 092
52. 班组安全文化建设标准 ……………………………… 094
53. 班组安全文化建设中的安全竞赛活动 …………… 096
54. 企业班组安全文化建设的实践 …………………… 098
55. 营造班组安全文化氛围,加强现场安全管理 …… 099
56. 优化班组安全文化建设环境 ……………………… 101
57. 头脑风暴法在班组管理中的运用 ………………… 103
58. 创建安全合格班组需安全文化支撑 ……………… 105
59. 班组安全文化建设的基本原则 …………………… 107
60. 开展安全活动,夯实班组安全文化 ……………… 108
61. 班组安全文化建设要经历的几个重要环节 ……… 110
62. 反习惯性违章活动体现了文化的作用 …………… 112
63. 用亲情感染力助力班组安全 ……………………… 114
64. 筑起班组安全的第二道防线 ……………………… 116
65. 班组安全管理的九种方法 ………………………… 117
66. 提升班组安全风险自控能力 ……………………… 120
67. 班组安全文化建设的最佳切入点 ………………… 121

第四章 班组安全文化建设操作方法

68. 班组安全文化建设须依靠科技措施 ……………… 126
69. 班组安全文化活动诊断技术 ……………………… 127
70. 建设班组安全文化的工具 ………………………… 129
71. 运用安全文化,提高自救能力 …………………… 131
72. 强化安全措施,确保班组安全文化建设顺利进行 … 132
73. 建设班组安全文化,培训应先行 ………………… 134
74. 安全标志的正确使用也是一种安全文化行为 …… 135
75. 班组设立监督岗,保证安全促发展 ……………… 138
76. 班组安全文化建设原则和危险预知活动 ………… 140
77. 班组安全文化的功能和努力创建"五型班组" … 142
78. 班组隐患排查与治理是安全文化的表现 ………… 143
79. 班组"安全文化墙"的建立与作用 ……………… 145

80. 班组安全文化标语、口号 …………………………… 147
81. 班组安全文化建设须建立岗位流动红旗奖励机制 … 148
82. 开展"安全日"活动,促进班组安全文化建设 …… 150
83. 走动式管理助力班组安全文化建设 ………………… 151
84. 班组精细化安全管理有利于安全文化建设 ………… 153
85. 班组"六有"和"六无"管理,促进安全文化
    发展 …………………………………………………… 155
86. 班组看板管理与"安全文化墙"管理一脉相承 …… 157
87. 班组目视化管理的文化功能 ………………………… 159
88. 定置管理是班组安全文化建设的物质基础 ………… 161
89. 开展"重视一伸手,防止误操作"活动是安全文化
    的深化 ………………………………………………… 164
90. 精细化安全管理促进安全文化建设 ………………… 166
91. 班前会和班后会要注入文化内涵 …………………… 168
92. 班组"一班三检"制的运用是安全文化的表现 …… 170
93. 危险预知活动是班组安全文化建设的主要内容 …… 171
94. 班组安全"十字经"包含着安全文化 ……………… 173
95. 班组自主安全管理需要文化支撑 …………………… 175
96. 班组安全文化建设的主要途径 ……………………… 178
97. 加强班组安全文化建设的着力点 …………………… 179
98. 班组安全文化建设的必备条件 ……………………… 180
99. 班组安全文化建设须有一名优秀班组长 …………… 181
100. 推行"五化三优"安全管理,促进班组安全文化
     建设 ………………………………………………… 183

参考文献

第一章
班组安全文化建设基本方法

本章导读

本章介绍16个班组安全文化建设的基本方法,其目的是回答企业班组在开展安全文化建设中如何入手、从何处开始、应该注意什么、什么是重点等问题,使班组在开展这项工作时少走弯路,有正确的方向和目标。

当然,班组千差万别,其安全文化建设的方法也各异,这16个方法不可能包罗万象,只起到抛砖引玉的作用。

班组是企业的最基层的组织。一方面,企业的大部分设备集中在班组,企业的生产任务要靠班组去完成,同时事故也多发生在班组,因此班组是企业安全管理的重点;另一方面,先进的管理制度、科学的工作方法、合理的劳动组织、完善的安全措施,都要靠班组去贯彻、去落实,因此班组又是企业安全管理的落脚点。作为企业的领导,有责任指导和帮助班组抓好安全文化建设。作为班组,特别是班组长,则应充分认识安全文化建设在班组建设中的重要地位和作用,自觉抓好安全文化建设。

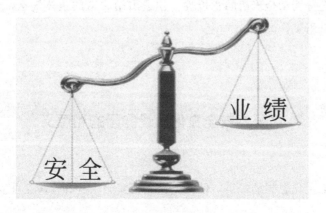

1. 班组安全文化建设概论

(1) 安全文化建设在班组管理中的必要性

班组是企业的最基层的组织。一方面，企业的大部分机械设备都集中在班组，企业的生产任务要靠班组去完成，同时事故也多发生在班组，因此班组是企业安全管理的关注点；另一方面，先进的管理制度、科学的施工方法、合理的劳动组织、完善的安全措施，都要靠班组去贯彻、去落实，因此班组又是企业安全管理的落脚点。作为企业的领导，有责任指导和帮助班组抓好安全文化建设。作为班组，特别是班组长，则应充分认识安全文化建设在班组建设中的重要地位和作用，自觉抓好安全文化建设。

(2) 班组安全文化建设的模式和主要内容

安全文化建设的内容包括：一是安全生产方针政策；二是安全法律法规；三是安全规章制度；四是现代安全管理；五是安全教育；六是安全措施；七是安全减灾；八是安全效益；九是安全道德；十是安全环境。

班组犹如一个大家庭，每个人的成长经历不同，个性也不尽相同，都有自己特定的心理。这就要求班组长在工作中不能以自己的处事标准来要求别人，要善于发现每个人的长处，因势利导，尊重职工个人的兴趣和爱好，并考虑每个人的心理状态，注意解决人们在交往中产生的矛盾。这样，最大限度地把职工团结起来，使员工感到温暖、理解和信任，并把员工的个性发展融入班组的共性之中，充分调动全班组的积极性，创造团结和谐的集体气氛，齐心协力，更好地完成班组工作。

2. 班组安全文化建设的目的和意义

建设安全文化思想的提出，使人类在实现安全生存和保障企业安全生产的活动中，又增添了新的策略和方法。班组安全文化建设除了关注人的知识、技能、意识、思想、观念、态度、道德、伦理、情感等内在素质外，还重视安全装置、技术工艺、生产设施、生产设备、工具材料、环境因素等外在因素和物态条件。

(1) 在人类社会的具体行动过程中，用文化来指导的意义

a. 从安全原理的角度，对"人因"问题具有更深刻的认识和理解，这对于预防事故所采取的"人因工程"，在其内涵的深刻性上有新的突破。过去认为人的安全素质仅仅是意识、知识和技能，而安全文化理论揭示出人的安全素质还包括伦理、情感、认知、态度、价值观和道德水平，以及行为准则等。即安全文化对安全素质内涵的认识具有深刻的意义。

b. 要建设安全文化，特别是要解决人的基本素质的问题，必然要对全社会和全民的参与提出要求。因为人的深层次的、基本的安全素质需要从小培养，全民的安全素质需要全社会的努力，全公司的安全素质需要全体班组成员的奋斗。这就使得对于实施安全对策，实现人类生产、生活、生存领域的安全目标，必须是全社会、全体员工的发动和参与。

c. 安全文化建设具有的内涵，既包括安全科学、安全教育、安全管理、安全法制等精神层面和软科学领域，同时也包含安全技术、安全工程、安全环境建设等物化条件和物态领域。因此，在人类的安全手段和对策方面，用安全文化建设的策略，更具系统性、整体性和全面性。

(2) 在应用安全文化理论指导企业的安全生产策略方面的意义

a. 企业安全文化建设是预防事故的一种"软"对策，它对于预防事故具有长远的战略性意义。

b. 企业安全文化建设是预防事故的"人因工程"，以提高企业全员的安全素质为最主要任务，因而具有保障安全生产的基础性意义。

c. 企业安全文化建设通过创造一种良好的安全人文氛围和协调的人机环境关系，对人的观念、意识、态度、行为等产生从无形到有形的影响，从而对人的不安全行为起到制约作用，以达到减少人为事故的效果。

d. 由于安全文化建设是一项基础性、战略性工程，这需要我们从长计议、持之以恒，急功近利是不可取的。建设良好的安全文化氛围，是社会和企业有效预防事故、保障安全生存和安全生产的重要基础。

总之，班组安全文化建设的目的和意义均在于提升班组全员的安全素质，在于提高班组成员的安全生存水平,在于提高班组的安全生产保障能力。因此,班组安全文化建设是班组安全的基础性工作和战略性工作。

3. 全面实施班组安全文化战略

班组安全文化建设是一项系统工程,为了使这项工程有效地得以实施和落实,站在全局和战略的高度,制定符合班组发展和安全生产方针的班组安全文化发展战略,具有深远意义。

(1) 人人需要安全

班组全体成员,为了自己的幸福,为了他人的安全,应该时时事事多一点对事故的警觉,多一点对安全的思考。因此,班组成员有责任和义务珍惜生命,修养自己,教育孩子。为此,应在现有班组安全教育培训的基础上建立"安全文化与科学技术指导站",负责安全知识、安全技能、安全文化、安全科学理论和安全工程技术实践指导,这是对班组安全教育的延伸和补充。

(2) 实现"安全为本"的目标

要实现"安全为本"的目标,贵在提高全员的素质,使全社会公民具备完备的安全与防灾能力及良好的习惯,无论是现在还是未来,班组安全文化建设都应从一点一滴做起。因此要利用全面建成小康社会之机,提高全民安全素质,尤其是事故应急能力训练及灾害突发的忧患意识等,实现"安全为本"的目标。

(3) 班组安全文化活动要有公益性

在社会主义条件下,国家关注安全防灾的公益事业,而企业班组安全文化活动,也要具有公益性。如果一个班组中,有的成员家庭有困难,那么班组安全文化活动中就应该给有困难的员工以帮助,更应为劳动者可能遭受的伤害提供辅助性的救助,使有困难或遭受伤害的员工能够心情舒畅地保障安全生产。

(4) 安全问题已成为严重的社会问题

当今社会发展、经济发展、技术发展的一个重要特点,就是人类在创造财富、享受成果的同时,总是会受到越来越复杂的危险和事故的威胁。机器工业的发展带来了机械伤害,随着电的发明、有机合成材料和放射物质的应用,人类生产、科研活动中遇到的危险也复杂起来,除了机械伤害之外,还要遇到电的、高速的、化学物质的、燃烧的、爆炸的、毒害的、腐蚀的、放射性的危险及危害等。这些问题已经成为严重的社会安全问题。因此,班组安全文化建设应与安全科普相结合,为发展安全文化和安全教育做出应有的贡献。

总之,班组是企业最小的生产单位,也是最小的基层管理单位,建设班组安全文化的发展战略不应该脱离实际。应安全共建,努力实现"安全为本"的目标,把安全当作社会问题来对待,不断提高全体公民的安康水平。这些发展战略通过努力是完全可以达到的。

4. 班组安全文化建设的思路

班组安全文化建设要有清晰的思路,这样才能使班组安全文化建设具有长盛不衰的生命力,具有开拓进取的不竭动力,进而推动班组安全生产的顺利进行。如下思路可供借鉴。

(1) 给予班组安全管理更大的自主权

现在有些班组安全管理基础不扎实,是导致管理混乱、事故频发的主要原因,是班组中有权、责、利方面的问题。所以,应在现有基础上给予班组安全管理更大的自主权,将安全绩效考核、安全水平监测、事故处罚权限、相关责任分解、安全奖励幅度等逐步纳入班组管理工作范畴。将安全管理关口前移、重心下沉,充分发挥班组的主观能动性,使安全责任真正落实到人头。此举不仅可有效减少安全监管投入,提高安全生产效率,也必将对班组安全文化建设注入不竭的动力。

(2) 努力提高班组业务素质和管理水平

班组长作为企业最基层的管理者,其自身素质和管理能力在很大程度上决定了企业的安全生产形势,也直接影响着企业安全文化的建设工作。做好班组长的选拔培养工作从哪些方面入手呢?一是要把好"入口"关,通过公开竞争和择优选聘等方式,将最合适的人选到最适合的岗位。二是要把好"充电"关,建立班组长长效安全培训教育机制,将工作目标和个人目标结合起来,将企业发展和个人发展统一起来,不断提高其适应新形势、开创新局面的实践技能和安全素质。只有舞好舞活班组长这个"龙头",才能带动班组安全文化建设的顺利进行。

(3) 建立健全班组安全活动制度

班组安全活动是班组安全文化建设的有效载体。结合班组安全活动多样化的趋势,要在活动的实效上下功夫,在深度和广度上做文章。如组织开展以"安全连着你我他"为主题的信任和互动活动,增强班组成员的团结协作意识。并注重吸取国内外企业先进的宝贵经验,形成独具特色的班组安全文化建设载体。同时,还要着力改善班组安全文化阵地投入不足的现状,为班组安全文化建设提供完备的软硬件环境,使班组安全活动逐步实现制度化、科学化、大众化。

(4) 把思想政治工作贯穿于安全工作全过程

企业安全工作的复杂性和艰巨性赋予了思想政治工作的深刻内涵和重要使命,也使之成为开展班组安全文化建设的力量源泉。思想政治工作进班组要坚持解决思想问题与实际问题、解决个性问题与共性问题、解决局部问题与服务服从于大局三结合的原则,力求实效;要认真分析和掌握员工思想动态,充分发挥思想政治工作对安全生产的"听诊器"和"手术刀"的作用;要坚持班前、班中、班后不断线,因人、因地、因时去跟进,贯穿于班组各项工作的始终;党政工团齐抓共管,共同构筑牢固的安全生产思想防护体系,为班组安全文化建设提供强有力的思想保证和精神动力。

(5) 培养和弘扬独具特色的团队精神

作为班组安全文化建设的重要组成部分，团队精神的形成需要不断地提炼、积累和完善。在具体实践过程中，要同班组生产任务、工作条件、人员状况和企业的发展实际结合起来。要在以下四个方面下功夫：一是建立以人为本的管理模式。尊重员工的民主权利和创新精神，最大限度地调动广大员工的安全生产积极性。二是建立优胜劣汰的驱动机制。弘扬先进、鞭策后进，做好思想观念、职业道德等价值取向的"破"与"立"，做好典型带路、整体推进。三是持之以恒搞好全员安全教育。构筑全方位、宽领域、多层次的安全学习培训体系，坚持用先进的知识武装人，用典型的事例教育人，用科学的方法引导人，用宏伟的目标激励人。四是树立持续改进、不断创新的观念。做到在内容上创新，使安全文化建设活动更具科学性；在方法上创新，使安全文化建设活动更具操作性；在目标上创新，使安全文化建设活动更具针对性；在观念上创新，使安全文化建设活动更具时代性。

总之，班组安全文化建设要有新思路，在新思路的指引下，班组安全文化建设才能行稳致远，才能取得更大的成就。

5. 班组安全文化建设的途径

(1) 班组安全文化建设的一般途径

a. 发动员工制定班组安全文化建设的规划。班组安全文化建设是一项长期的任务，应从现在抓起，并需要付出艰苦的努力。因此，班组要结合具体实际制定长期建设规划和短期目标。重点内容的确定应有针对性，应注意加强班组安全管理工作的弱项。

b. 要把安全文化建设与日常安全管理工作有机结合起来。班组安全文化建设，绝不能离开班组日常工作另抓一套，而应该找准切入口和结合处。应从基础抓起，让职工了解什么是班组安全文化，怎样加强这方面的建设。

c. 在班组安全文化建设中应防止两种偏向：一种是因循守旧，认为传统安全文化一切都好，因而拒绝接纳现代安全文化；一种是彻底否定传统安全文化，必须以现代安全文化取而代之。实际上，传统安全文化与现代安全文化之间是有内在联系的，强调加强班组现代安全文化建设，并不否定对优秀传统安全文化的借鉴。

d. 通过教育培训，让职工了解安全文化的内涵及作用，使广大职工成为安全文化的传承者和开拓者，从而将他们的安全素质提高到更高的层次。

(2) 基层班组安全文化建设的途径

a. 在基层班组中建立淳朴的安全思想文化。把思想政治工作贯穿于安全生产全过程。大量的事故案例表明，生产安全事故从形成到发生，有着一定的内在发展规律。在开展思想政治工作中，必须结合事故案例，着眼预测，增强超前意识，掌握人的思想变化规律和端倪，收集思想安全管理信息资料，进行科学的分析和逻辑推理，把握事故、事件的发生规律和特点。班组生活中常有这样的经验，发生问题的人，在问题暴露之前会出现各种各样的反常现象，这些反常现象往往是事故的前兆，只要悉心观察，深入细致地做好班组员工的思想工作，采取切实可行的措施，就完全可以避免事故的发生。

b. 在基层班组中建立清新的安全管理文化。现代企业提倡人性化管理，在基层班组建立清新的安全管理文化，积极引导员工改正习惯性违章，引导员工认识到安全生产意义重大。安全是生活和工作中永恒的主题，是企业发展的基石，是对员工最大的福利。安全工作的反复性、长期性和艰巨性，要求企业班组在总结得与失的过程中不断地创新安全管理文化。在对安全正反两方面经验教训的理性思考、对以往安全管理工作的全面系统的审视和整合，以及借鉴安全管理成功企业做法的基础上，班组必须大力强化安全文化建设，不断提升全员安全素质，为安全生产注入新的活力。所谓安全文化建设，就是把安全目标、安全宗旨、安全理念、安全管理哲学和安全价值等安全要素在实践过程中升华、扩散、渗透，为广大员工所认识、认知、认同、接受，并化为全体员工遵章守法、按章作业的自觉行动，在公司内形成遵章守法、关爱生命的浓厚氛围，指导、约束、规范全体员工的安全行为，努力实现安全工作的持久稳定。

c. 在基层班组中建立安全制度文化。一是建立优秀的安全机制，从而形成行为有规范、考核有依据、奖惩有标准的制度体系。二是层层签订《安全生产责任状》。三是超前控制，健全安全检查评比机制。四是弘扬先进、鞭策后进，建立安全驱动机制。这些安全生产机制的产生来自基层班组的生产实践，是保证企业安全生产的治本之举，它们将制度的刚性力量同人性化的管理手段相融合，确保了企业基层班组安全文化建设工作的良性发展。班组安全文化建设方案见图1-1。

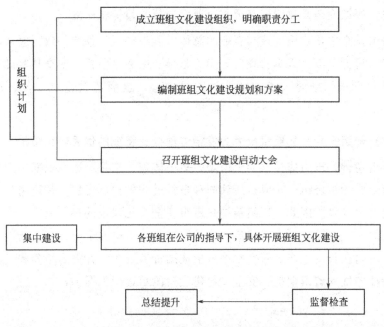

图1-1 班组安全文化建设方案

从图1-1可知，班组安全文化建设首先要有组织计划，在组织计划中要成立班组安全文化建设组织，并明确职责分工。其次，编制班组安全文化建设规划和方案。再次，召开班组安全文化建设启动大会。最后要在企业集中建设班组安全文化，各个班组在企业的指导下，具体开展安全文化建设，企业派员进行监督检查，待建设有一定成果，及时总结提升。

6. 班组安全文化建设的基本要求

(1) 全面贯彻企业富有时代气息的经营理念

班组安全文化建设要全面贯彻富有时代气息的现代企业经营理念。企业班组安全文化建设应将客户当上帝,树立市场发展观,认准效益是中心,以服务促营销。此外,班组安全文化建设必须结合实际,依据班组的特点,确立如服务、管理、安全、质量等理念,才能形成具有班组特色的理念体系。

(2) 班组安全文化建设必须与企业发展战略目标相一致

班组安全文化建设应该与企业的总体发展战略目标保持一致,服从于企业发展战略目标。以"人本管理"思想为指导,服务是宗旨,安全是基础,管理是重点,科技创新是灵魂,经济效益是中心,全面建设企业一流、领先的班组。

(3) 班组安全文化建设应大力发扬体现行业特征的优秀班组精神

班组精神是班组成员共同价值观的集中体现,它是班组在长期生产经营实践中所形成的被班组全体成员所认同和自觉遵守的群体意识,是班组生存以及发展的动力源泉。因此,班组精神是班组安全文化建设的核心内容。

班组长应发动全体班组成员,通过开展各项班组安全文化建设活动,总结和提炼班组在长期生产经营实践中所形成的价值观念,并大力培养和发扬体现行业特征的优秀班组精神。安全文化建设阶段示意图见图1-2。

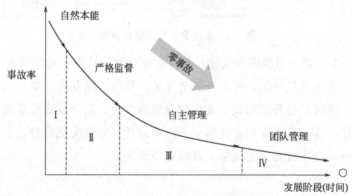

图1-2 安全文化建设阶段图示

(4) 树立良好的班组形象

班组形象是班组的信誉,是班组通过多种方式在社会上获得的社会大众对班组成员的整体印象与评价,是班组参与市场竞争的一项无形资产。所以,班组安全文化建设应该全力树立良好的班组形象。全力塑造恪尽职守、敬业守纪的员工形象。

班组安全文化建设应认真履行对社会的质量与服务承诺,努力提高产品或服务质量，认真执行《班组文明规范》，切实培养班组成员良好的政治思想素质，纠正不文明之风，使班组成员具有良好的职业道德素质以及技术业务素质，从而树立良好的班组员工形象。大力创造和保持班组整洁优美的环境形象。

班组安全文化建设要关心员工生活，重视班组生产以及生活环境的建设。坚持文明作业、文明生产，保持优良秩序，创造优美的班组环境，确保搞好班组优质生产。

(5) 积极营造班组科学文明与健康向上的文化氛围

遵循寓教于文、寓教于乐的人文思想，积极组织和开展具有较高文化艺术品位、内容丰富、形式多样的班组安全文化活动以及业余文体生活，陶冶员工的思想道德情操，培养班组成员的集体意识以及自我实现意识，实现班组凝聚力。

班组安全文化建设应积极宣传人类一切优秀文化成果和科学技术知识，并注重班组安全文化活动场所建设，扎实开展班组社会主义教育、集体主义教育、学习标兵等活动，以教育和引导班组成员形成崇尚科学、倡导文明、健康向上的生活情趣和良好的文化氛围为目的，增强班组成员爱厂、爱岗的主人翁意识，自觉抵制个人主义、腐朽思想以及不良生活习惯等影响，从而营造出班组安全文化建设的良好的内外部环境。

总之，班组安全文化建设要做到从长计议和统筹规划，重在建设，分步实施，注重循序渐进，并逐步检查，从而形成具有本班组特色的积极向上、健康生动的班组安全文化。

7. 班组安全文化建设的首要任务

班组安全文化建设是一项庞大而复杂的系统工程，但首要的任务是要做好如下工作。

(1) 分解

班组在安全文化建设中要根据本班组的专业特点，确定哪些是全面落实公

司安全文化的举措,哪些是适应本班组安全文化特点重点践行的举措。一般来说,分解公司安全文化战略目标的步骤是:

  a. 明确安全文化建设战略;

  b. 分解重点工作;

  c. 分解关键因素;

  d. 将关键因素转化为绩效指标;

  e. 明确班组人员责任;

  f. 落实公司及各部门安全文化建设指标;

  g. 明确行动计划;

  h. 分解至班组各岗位,形成各岗位安全文化建设目标。

(2) 内化

  班组在安全文化建设中采取讲解、讨论、考核、教育等多种形式宣传贯彻公司安全文化,使班组全体成员一入耳、二入脑、三入心、四入血液,化成DNA,做到真正的内化。

  a. 入耳。就是真正听懂公司安全文化建设的目的、任务、意义、作用,使班组员工听明白、听仔细、听得懂、听得透彻。

  b. 入脑。就是将公司安全文化建设的具体要求、具体做法、具体规范都要进入员工的头脑中,并且做到真正理解、真正明白。

  c. 入心。就是把公司关于安全文化建设的一系列纲领、原则、规范、要求等全部不折不扣地融入班组员工的心灵,使员工在心灵深处烙上安全文化的烙印。

  d. 入血液。就是把公司安全文化建设的一系列具体要求和做法像涓涓细流一样流入员工的血液里,化成安全文化的DNA。

(3) 外化

  外化就是班组要利用一切可视化方式和方法,宣传公司安全文化形象。如班组要举办各种安全文化活动,要让安全文化理念上墙;要搞安全文化知识竞赛;要营造班组安全文化环境;要召开班组安全文化研讨会;要举办安全文化演讲等。某班组安全活动展览内容见图1-3。

(4) 转化

  转化就是要求班组将公司安全文化建设内容转化成各个分项行动动作和具

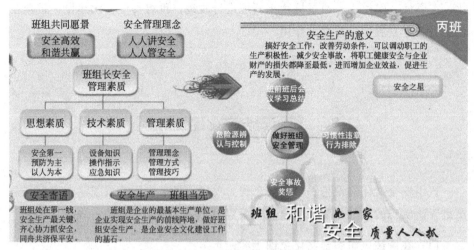

图1-3　某班组安全活动展览内容

体标准要求，通过班组的制度、工作流程、活动表格等形式，实现班组安全文化建设的可操作、可执行、可持续发展。

(5) 融入

融入就是把公司的安全文化建设要求融入班组岗位，做到具体规范。融入是多方面的，如融入产品，提升安全文化含量，打造精品；融入安全文化建设流程，实现安全管理有序、严谨、科学；融入服务，提升服务的质量；融入管理，提升安全文化自觉和安全文化素养；融入生产经营，实现个性鲜明的差异化竞争优势。

(6) 创新

班组必须保持与公司安全文化建设的高度一致，根据本班组业务和长期的安全生产经验积累，提出具有鲜明个性的班组安全文化理念，丰富班组安全文化内涵，力争使其发展为公司安全文化建设元素。班组安全文化建设既要与公司安全文化建设一脉相承，又要有班组安全文化建设的个性特点，这二者要高度统一。公司安全文化建设的重点在于整体体系制定，班组安全文化建设的重点在于执行和具体化，在于丰富、在于细节创新、在于执行。

总之，班组安全文化建设不是立竿见影的，而是需要长期文化熏陶，同时要讲究科学性、普及性和可操作性，在实施途径上要做到日有行动、月有安排、季有打算、年有筹划。同时在实施过程中要立足班组安全文化建设的规范化、完整性、实用性,通过持续不断地进行改进,班组安全文化建设一定会在企业的安全发展中发挥巨大作用。

8. 班组安全文化建设措施

班组安全文化建设是一个系统工程,单单依靠某位班组长或某个班组安全员是无法实现的。它需要班组全员群策群力,一般有以下几种做法。

(1) 在营造班组安全文化氛围上"造势"

一要定期组织技术比武、技术练兵、反事故演习等,并经常举办安全征文、安全警句征集、安全演讲、事故报告会、员工家属座谈会、安全生产形势分析会等活动。利用好舆论和宣传阵地,宣传报道安全生产经验,形成人人想安全、人人抓安全、人人保安全的良好氛围。

二要在办公区域、工作场所和员工活动比较集中的宿舍、食堂悬挂安全警示牌和安全标语,或提炼安全警句,建设安全文化长廊,或建立安全色彩化标识,在所有的工作场所,用色彩标识警示作业人员。当员工看到这些警示牌板时,便会主动放弃违章蛮干、抢先下班的念头,重新确立"干标准活,交放心班"的理念,使干部员工能时时警觉到安全,处处拥有安全。

三要加强安全文化建设的基础培训工作。通过培训,可以增强员工的安全意识、提高员工的安全技能。培训工作要形式多样,如专家授课、岗前培训、岗位练兵、案例教育、分析讨论、预案演习等。培训工作要改变不出事故不培训、出了事故才培训的状况,变事后补救为事前预防。培训中要进一步激发员工的兴趣,讲求培训的效果。

四要建立以"自我评价、自我提高、自我控制、自我负责"为主要内容的安全自主管理模式。通过成立安全自主管理小组,实施月度自我评价制度,开展"安全大家谈"活动,实行员工操作安全质量跟踪卡,签订"不违章"承诺书等措施,真正实现"我要安全"的目标。

(2) 为班组安全文化建设进行策划

班组安全文化是一种独具特色的文化现象,是企业进行安全管理的有效形式。它以人为本,以文化为载体,通过文化的渗透,提高人的安全价值观和规范人的行为,是企业安全管理的最高境界。而安全文化的渗透主要是通过安全文化阵地来实现的。在企业安全管理中引进文化层面的东西,更有其现实针对性。所以说,在企业安全文化建设中,企业要发挥自身作用,凸显自身价值,挖掘自身资源,站在全局高度从安全理论阵地、安全文化设施阵地等不同层次和领域上进行总体策划。策划要在继承和创新的原则下,对已有的文化阵地进行整合提升,实现文化管理效能的最大化。

(3) 在班组安全文化建设考核运作上监督

作为企业一项先进的安全管理方法,通过文化氛围营造和文化理念渗透,企业安全文化建设要在物态安全文化、制度安全文化、精神安全文化、观念安全文化等几个层次上逐步形成一套科学的机制。企业要在机制的运作上发挥监督作用。

总之,在班组安全文化建设中,既要继承优良的文化传统,又要适应社会发展要求和员工需要变化,不断创新工作思路,丰富和发展安全文化建设的手段和内容,使班组安全文化充满生机与活力,发挥先进文化的促进作用,不断提升安全管理水平,确保企业长治久安。

9. 班组安全文化建设的主要方法

(1) 班组安全生产管理

a. 班组安全知识学习。每天接班时由班组安全员组织安全事故案例学习,每月组织一次安全知识的学习、一次事故案例的学习,班组成员进行讨论和分析,从中吸取经验,避免类似事故的发生。要以这些事故案例为警钟,认真查找思想认识上的差距和企业生产中的安全生产事故隐患,严防重大、特大安全事故的发生。通过学习要达到以下目的:一要强化安全生产思想认识;二要强化安全生产责任制;三要强化危险化学品专项整治工作;四要强化对事故的

"四不放过"制度；五要强化安全教育。

b. 事故演练。每月针对最近发生的和容易发生的事故，由车间承包干部组织一次事故演练，提高大家在事故发生时的应变能力。

c. 班组安全活动。当班组发生事故或未遂事故时，及时组织班组员工分析讨论，把小事当大事，把未遂事故当事故处理，提高大家的安全意识。为实现工作零违章，坚持抓班组、盯现场。进一步深化班组安全管理。开展无违章行为和控制活动，提高员工对违章行为的识别水平和控制能力。

(2) 班组现场管理

a. 各种器具管理。各种记录写完后及时放回车间标识的地方；干活用的扳手用完后放在车间指定的位置；对讲机用完后放在指定的位置进行充电，保证在使用时电量充足；做到在事故发生时以最快的速度拿到要用的工具。

b. 现场承包区域清扫、清洁。对现场承包区域进行日常维护、清扫，保持现场的清洁，以保证有一个良好的工作环境；对承包机泵经常进行清洗，创造人和设备都适宜的环境，建立人性化的工作场所。

c. 现场巡检。以车间闭环巡检为基础，准时认真巡检，及时发现问题，杜绝跑、冒、滴、漏，杜绝污染源，做到清洁生产。

d. 班组工具柜管理。对班组工具进行必需品和非必需品的划分，把经常用的工具放在明显容易拿到且有标识的地方，把不经常用的放到别的地方。

e. 现场作业。制订现场作业工作计划和预防措施，同时指定安全负责人，避免和减少事故的发生。

(3) 加强班组安全文化建设与管理

a. 抓认识，摆正班组建设与管理的位置。不断深化班组在企业中重要地位、作用的认识是增强班组建设自觉性的首要条件和重要环节。认识深，决心就大，自觉性也就越高。对班组建设重要性的认识，要在实践中逐步提高、不断深化。班组自我完善内容见图1-4。

b. 抓思想，抓住思想工作这根主线。班组建设是一项有一定难度的系统工程，要求党、政、工、团同心协力，齐抓共管，仅仅依靠那一级、那几个领导、那一个部门抓是远远不够，也是难以胜任的。有一些企业员工思想政治工作较为放松，什么"只要多发奖，不用抓思想""大道理一筐，不如大团结一张"等不重视思想政治工作的说法时有出现。为此，针对这种现象要进行认真分析，经常召开班组安全文化建设和班组思想政治工作座谈会，从理论和实践

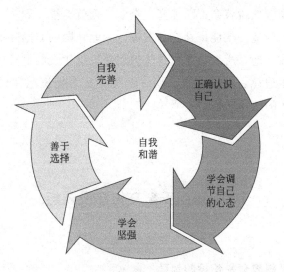

图 1-4 班组自我完善内容

结合上阐明班组建设和管理及班组思想政治工作的重要性,从思想上重视班组建设与管理的地位和作用。

c. 抓基础,完善班组各项管理制度。选配好政治、业务素质高、有一定组织能力的班组长、工会小组长,制定各自的工作职责,健全岗位责任制和岗位操作法,明确班组长负责制,形成以班组长为核心的班组集体领导管理体系。开展班组达标升级竞赛,评选优秀班组和优秀班组长;开展创合格班组、先进班组、优秀班组活动。制定"三组"考核标准以及评选办法。每年召开班组建设成果发布会,总结交流经验、表彰先进、树立典型。建立必要的规章制度。没有规矩不成方圆,没有制度,行为也不可能规范。要制定班组的各项管理制度,如质量管理、目标管理、考勤制度等,明确班组内的工作职责,任务、作业程序等,形成制度,颁布执行。同时要做到月有考核,季有初评,年有总结,考核成绩作为评选先进班组的依据。整套管理制度建立健全后,就会逐步做到工作内容指标化、工作要求标准化、工作步骤程序化、工作考核数据化、工作管理系统化。开展民主评议活动,推进班组自主管理和民主管理。民主评议是民主管理的重要内容,发动班组人员围绕安全生产、经营管理、后勤服务等深入开展合理化建议活动,为班组建设献计献策,主动改进工作方法,开展民主评议活动,体现班组人员自我教育、自我控制、自我完善的责任意识。

综上所述,企业的班组安全文化建设与管理工作做好了,班组就会充满生机,企业活力和后劲就会增强,企业的质量体系就会得到执行,质量方针和目标就会实现，经济效益就会不断提高，企业管理就会提高到一个新水平，广大职工的积极性、创造力就能得到充分发挥，企业在国内和国际市场的激烈竞争中就能立于不败之地。所以，要充分认识加强班组建设的重要性和必要性，增强班组建设的紧迫感，坚持两个文明一起抓，努力把班组建设成为精干、高效、团结、务实的战斗队伍。

10. 班组安全文化建设要点

(1) 安全思想教育是建设的灵魂

要想做好企业的安全生产，首先要搞好员工的安全思想教育。一是认真贯彻执行国家安全生产方针，搞好有关企业安全生产法律法规教育，用法律法规约束员工的行为，有效指导员工的安全生产。二是对安全生产工作高度重视，坚持定期进行安全生产情况通报，落实安全检查制度，每天在晨会或调度会上通报隐患查处情况，落实隐患整改。三是重视员工安全道德教育，使员工认识到安全道德是职业道德的重要表现，安全直接关系到工友的生命和父母妻子儿女的幸福，搞不好安全，不仅仅伤害自己，而且还会伤害工友，甚至破坏家庭使妻离子散。因此，只有实行安全责任联保制度，形成员工之间互相监督、互相制约的安全管理模式，才能促使企业安全生产。

(2) 自主保安全教育是建设的重要内容

为什么"三违"行为屡禁不止？为什么企业事故不断发生？除了客观因素之外，主要是企业部分干部和员工缺乏搞好安全生产的主观能动性。如果企业的每一位管理者安排每一项工作时，首先考虑的是员工的安全，如果我们的员工干活时首先想的是怎样才能保证安全，自觉地、主动地把安全工作放在首位，那么"三违"和事故就会远离我们。由此可见，提高自保安全意识是做好安全工作的重要保证。然而，怎样才能提高企业干部员工的自保安全意识呢？唯一有效的办法是让每一位干部员工充分认识到安全生产的重要性，造成事故的严重危害性，用发生在自己身边的活生生的事故案例去教育员工、打动员工。

（3）安全技术培训是建设的智力基础

要想搞好企业的安全生产工作，只有强烈的自保安全意识还不够，还必须具有自保安全的硬本领，这就要求我们必须搞好企业安全技术培训。通过安全技术培训，使每位干部员工都能清楚了解掌握本岗位的安全知识、操作规程以及技术质量要求。只有这样，在安全生产中才能得心应手，才能应对一切突发事件，及时消除一切事故隐患。

（4）寓教于乐和员工参与是建设的重要表现

只有全员参与，提高整体素质，班组生产安全才有群众基础和可靠保证。而要吸引员工自觉参与，就必须找到一种吸引员工的喜闻乐见的形式。例如，共青团、工会、安监部门组织开展一些大的安全宣传教育活动，有计划地组织安全知识竞赛、安全歌曲大家唱、安全文艺节目汇演、安全在我心中演讲比赛、安全谜语晚会等活动。平时大力开展"一名党员、一面旗帜""团员身边无三违，青年身边无事故""争当安全标兵，争做安全明星，争取安全先进"活动。活动形式灵活多样，安全工作才能扎实有效。

11. 夯实班组安全文化建设基础

（1）班组安全文化建设的状况

根据调查，90%以上的事故发生在生产班组，80%以上的事故的直接原因，是在班组生产过程中违章指挥、违章作业或者各种隐患没有及时被发现和消除。这个事实说明防止作业者的不安全行为，消除物的不安全状态，必须从班组抓起，一切安全生产的措施、手段只有在班组真正发挥作用，才能有效地避免事故的发生。班组安全工作往往是号召的多、具体措施落实的少，浮在上面的活动多、深入实际解决问题的少，说嘴的多、干活的少，被动应付的多、主动预防的少。总之是不严、不实、不深、不细、不到位，没有把有效的安全管理工作真正落实到班组这个最基本的环节上。因此，只有夯实班组安全文化建设基础，才能把伤亡事故大幅度降下来。

先做什么　后做什么　注意什么　如何衔接

（2）夯实班组安全文化建设基础的建议

a. 搞好班组长和班组安全员的选拔和培训工作。班组长是班组的核心，他们既是生产者又是管理者，既是战斗员又是指挥员。建立一支好的班组长队伍是班组安全文化建设的中心环节，因而要抓好两点。首先，搞好班组长和班组安全员的选拔工作。选拔条件主要是"八有"，即有一定的文化和技术基础；有过硬的实际操作本领；有强烈的安全意识；有科学的管理，遵守纪律、不违章指挥、不冒险蛮干；有一定的组织领导能力；有良好的思想和工作作风；有较高的威信；有安全工作事业心和责任感。其次，对预选对象进行系统的安全教育培训，使他们明确班组长和班组安全员的安全生产职责，然后经过员工选举产生。

b. 贯彻落实安全生产责任制和安全生产规章制度是根本保证。要以党和国家安全法律法规为基础，认真贯彻落实安全生产法，建立健全以岗位安全生产责任制为核心的各项安全生产管理制度。要实现安全目标管理，把安全生产责任制转化为具体的安全工作目标，实行安全承包制，员工保班组、班组保项目。严格考评和奖惩，达到目标的要奖，违章违纪发生事故的要罚，把安全生产责任制和经济利益相挂钩。个人及班组都必须与车间或企业签订安全生产包保责任书。

c. 搞好岗位安全教育和培训是夯实安全基础的关键。要严格按照制度的要求抓好集中教育培训，如新员工入厂"三级安全教育"、班组长年度安全轮训教育、特种作业安全培训教育等。通过教育培训进一步培养班组成员"我要安全"的理念，提高"我会安全"的技能，强化"我懂安全"的素质。在此基础上按有关要求办理安全作业"平安卡"、安全操作证，做到持证上岗。

d. 开展创建安全文化班组活动是有力措施。根据班组安全文化发展建设各个方面的要求，制定文明班组标准，进一步打造"知识型、技能型、管理型、安全型、创新型、和谐型、学习型"的班组，年终进行评比表彰，获得先进班组称号的，颁发奖状并给予一定的物质奖励。

总之，只有夯实班组安全文化建设基础，才能遏制事故发生，才能全面提升企业安全文化建设水平，才能促进班组安全发展。

12. 学会营造优良的班组安全文化

(1) 认识安全文化的作用

营造优良的班组安全文化，班组长首先要正确认识班组安全文化的积极作用，从而树立科学的班组安全文化态度。优良的班组安全文化能够在班组集体内产生一种尊重人、关心人、培养人的良好氛围，产生一种振奋精神、朝气蓬勃、开拓进取的良好风气，激发班组成员的安全工作热情，形成一种强有力的安全工作激励环境和激励机制。这种环境和机制在某种程度上胜过任何行政指挥和命令，它可以有效地解决班组安全生产目标与个人目标的分歧、班组长与员工之间的矛盾。具体来讲，优良的班组安全文化对班组安全管理有以下几方面的作用。

一是安全规范作用。一个班组的安全规章制度可以构成对成员的硬约束，而安全道德、安全信念和安全风气则构成对成员的软约束。二是安全凝聚作用。文化具有极强的凝聚力量。班组安全文化是班组员工的黏合剂，可以把班组各个方面、各个层次的人都团结在班组安全生产目标的旗帜下，激发个人产生深刻的认同感，使个人与班组、企业同甘苦、共命运。三是安全激励作用。

在物质需要满足的同时，班组内部崇尚的群体安全价值观所带来的集体安全成就感和安全荣誉感，能够使班组成员安全上的精神需要获得满足，从而产生深刻持久的安全激励作用。

（2）营造优良班组安全文化应遵循的心理规律

班组长不仅要认识到班组安全文化的重要性，更重要的是还要学会营造优良的班组安全文化。一般来讲，营造优良的班组安全文化应遵循相应的心理规律来。要想收到事半功倍的效果，以下几个方面应加以注意。

a. 运用心理定式。人的心理活动具有定式规律，即"先入为主"的规律。前面一个比较强烈的安全心理活动，对于随后进行的安全心理活动具有明显的影响。在班组内，新成员的心理定式十分重要。班组应提倡什么、反对什么，成员应该具备什么样的安全思想、感情和作风，作为班组长，一定要注意及时地对他们进行介绍、说明乃至培训，使新成员在这些基本问题上形成符合班组安全意志的心理定式，对其今后的安全行为发挥正确的指导和制约作用。

b. 重视心理强化。人的信念是动态的，要使某一安全信念形成定式，必须不停地给予强化。这种心理机制运用到班组安全文化建设上，就是及时表扬和奖励与班组安全文化相一致的安全意识和安全行为，及时批评和惩罚与班组安全文化建设相违背的安全思想和言行。班组长要注意使安全奖励和安全惩罚成为班组安全文化的载体，使班组安全文化成为可见的、可感的现实因素。

c. 利用从众心理。在班组群体成员彼此接近、趋同的过程中，在相互模仿、受到暗示、表现出服从的基础上形成了群体规范。群体规范一旦形成，就会反过来对群体发生作用。这种作用是广泛、持久而深入的，从班组个人的一言一行到群体的共同活动都会受其影响，它使群体中形成一种大多数人的意见，这种意见会产生一种无形的力量，使每一个成员自觉或不自觉地保持着与大多数人的一致性。班组在安全生产中，从众心理也是一种文化的表现，如安全知识学习从众。一个班组、员工之间互相鞭策、互相鼓励就是积极的学习从众。因此，班组在安全文化建设中要利用员工的从众心理。

d. 培养认同心理。"认同"意指个体将自己和另一对象视为等同，从而产生彼此密不可分的整体性感觉。为了营造优良的班组安全文化，班组长取得全体成员的认同是十分必要的。这就要求班组长办事公正、真诚、坦率，关心员工、善于沟通、具有民主精神和奉献精神。只有这样，成员才会产生对班组长的认同感，才会心甘情愿地将班组长所倡导的安全价值观念、安全行为规范当作自己的安全价值观念、安全行为规范，从而形成班组所期望的安全文化。

总之，班组安全文化是企业安全文化的基础，班组安全文化是班组安全生产价值标准和行为规范的体现，企业中每个班组均营造优良的班组安全文化，那么企业的安全文化事业就会健康地发展。在营造优良的班组安全文化中，班组长们要明白它的作用，在明白作用的基础上，注意运用好班组成员的心理规律，这样，优良的班组安全文化就一定能营造好。

13. 班组安全需要文化支撑

在班组安全文化建设中，通过班组安全文化产品平衡班组不同员工之间的需要，可以有效地消解其社会心理压力，疏导社会情绪。通过班组的创建，把满足于个人消费的安全文化产品转移成为公共安全文化服务产品，可以有效地实现安全财富共享。作为班组安全治理的安全文化产业，需要平衡与协调人、班组、社会三者之间的文明互动关系。因此，大力发展班组安全文化产业，做出班组安全工作战略和提出政策，本身具有班组安全工作治理的性质。服务于班组的生产和经营，服务于班组和员工，是发展班组安全文化产业最重要的治理性要求。

班组安全文化治理是安全文化价值观和班组安全文化生存方式的有机统一。如果安全文化价值观与班组员工的生活方式相分离，或者说意识形态与人们的生活方式相脱离，是不可能形成班组安全文化治理能力的。一个班组安全文化治理能力，首先表现为高度的吸引力和认同力，由此形成员工内在精神生活质量和外在物质生活满足的完整统一，形成对自身生活状态和质量的自豪与满足。

14. 班组安全文化建设需要全员参与

安全文化建设就是以人为本，满足在生理、安全、社交、尊重和价值五个层次上的需求。并形成安全价值体系，这就是安全文化建设的目的所在。

(1) 坚持刚柔相济的原则

在员工还未形成安全工作自律的情况下，要教育、培养员工自觉执行安全生产规章制度，做到令行禁止。严肃查处各种违章行为，决不能姑息迁就。同时，必须关心爱护员工的身心健康，提倡安全自律。员工的积极性、自觉性和自律性在于他的文化水平、业务能力、思维方法与行为习惯。企业要按"为之于未有、治之于未乱、防患于未然"的原则审慎处理事关员工利益的一切事情；领导人要站在员工的角度思考解决问题的办法，善于与员工背靠背找不足、面对面谈感受、心连心搞安全；要给员工做好表率。同时要结合典型事故案例教育员工学会辨识安全风险并纠正不安全行为习惯。对做出成绩的员工要予以表扬，对事故要具体分析、具体处理，责任在员工的要使其认清责任、接受教训，避免类似事故再次发生。如果员工已经尽责，且非本身能力所能避免的事故，领导应勇于承担责任，避免对员工过分处理，这样有利于调动员工自律安全的积极性。

(2) 强化安全文化的操作层的素质

班组是操作层，班组员工是企业各项工作的执行者，是班组安全文化最重要的执行者和实践者，在班组安全文化建设中起基石的作用，决定着班组安全文化建设的结果成效。为此，要求班组要始终保持探索的工作态度、严谨的工作方法、交流的工作习惯、强烈的主人翁精神，积极地从提高各种安全技能方面着手，不断学习积累和提高安全文化素质和技术素质，加强对事物的分析判断，提高工作应变和反应能力，提高事故防控能力，把事故消灭在萌芽状态。同时，企业也要从加强制度建设、细化行为规范、开展教育培训等入手，通过宣传灌输、情感启迪、心理辅导、电化教学、安全解剖、活动熏陶、榜样示范、环境感染等方法，来塑造班组员工良好的安全行为习惯。

(3) 营造浓厚的班组全员安全文化氛围

a. 要不断丰富并宣传本企业安全文化的内容，利用一切可利用的人、时间、空间，通过发放安全手册、举办安全讲座等多种形式进行宣传，使广大员工置身于浓厚的安全氛围中，不断丰富安全知识，提高安全意识与安全技术。

b. 不断吸收、借鉴先进企业的安全文化建设经验为我所用，并从现场安全、消防安全、设备安全等方面大力强化全岗位安全意识和技能，着力开展事故隐患自查,营造浓厚的安全文化氛围。

c. 完善各类安全生产规程及规章制度、制定标准化作业手册、完善危险点预控措施,并加强培训与监督工作。牢固树立"违章作业就是自杀,违章指挥就是杀人"的观点,严格管理规范化、作业标准化,建立起安全生产常态管理机制,确保长治久安。

d. 建立健全各类事故防范措施与预案,并加强演练工作。积极采用各种先进的管理方法与技术手段,如安全性评价、危险点预控、动态安全互保、在线监测报警等,全方位地做好安全管理工作。

(4) 必须使班组全员、全方位参与其中

a. 需要各级领导的高度重视与全力支持,主要是做好人、财、物的保障工作,健全安监机构,配备能胜任的安监人员,落实安全经费,完善安全设施。

b. 要真正落实各级各类安全责任制,并充分发挥安全保证体系的作用,积极落实三项基本原则,即"管生产必须管安全"的原则;生产与安全同时"计划、布置、检查、总结、评比"的原则;"安全可靠性"的原则。对班组的规划、设计要立足于长远,加大科技投入,努力提高装备水平、运行可靠性及自动化程度。

c. 打铁还需自身硬。安全员首先要充分理解安全文化的概念,安全文化建设工作的本质与核心,要积极参与并推动安全文化建设工作,做好对安全文化建设工作的宣传,使安全文化深入每个员工的心里,为企业打造牢不可破的安全盾牌。

d. 需要引导并得到全体员工的真心认同和接受。

一要以广大员工为着力点。牢固树立"员工是班组安全文化建设的土壤"这一理念,始终把广大员工作为班组安全文化建设的主体,多做广大员工的宣传发动工作,多开展与员工群众安全健康相关的形式多样、内容丰富的群众性活动,引导广大员工踊跃参与实践,逐渐形成自觉提高安全文化素养的氛围和环境。

二要以长远建设为着力点。尊重安全文化形成的客观规律,消除急功近利的思想,改变以短期突击性活动代替长远建设的行为,遵循循序渐进的原则,把班组安全文化建设作为一项系统工程,一步一个脚印地做好"培育、倡导、形成"的各项具体工作。

三要以融入建设为着力点。将班组安全文化融入企业总体安全文化建设和各项工作之中，在企业的总体理念、形象识别、工作目标与规划、岗位责任制制定、生产过程控制及监督反馈等各个方面、各个环节融入班组安全文化的内容，时时、处处、事事体现安全文化。

四要以综合建设为着力点。要充分认识到员工受教育的程度、知识水平、业务能力等基础文化素质在班组安全文化建设中的制约作用，把班组安全文化的宣传教育与员工基础教育和技能培训紧密结合，在员工提高综合知识与业务技能的同时提高安全文化素养。

五要以个性建设为着力点。从企业工作实际、员工岗位实际出发，加强安全文化的倡导、学习、普及，多说"方言"，少说"普通话"，多讲"家常话"，少讲"大道理"，着力在得到班组员工的认可，培育创造出具有企业鲜明特色、适应本班组发展的安全文化。

15. 班组安全文化建设要有新的手段和方法

在班组安全文化建设中，建设方法和手段也是要不断变化的，需要根据班组的安全发展和企业安全生产形势的变化，不断应用新的方法、新的手段，以推进班组安全文化建设的健康发展。如下就是在班组安全文化建设中所采用的新方法和新手段。

(1) 加强对危险点进行重点控制和预防

班组要实现零事故目标，必须把岗位主体与客体的一切潜在危险因素和危险点辨识出来，加强控制和解决，从根本上防止事故的发生。对班组安全生产的现场来说，克服思想上的麻痹认识和行动上的习惯性行为，同时做到五到位，即安全思想教育培训到位、岗位安全职责履行到位、实施安全措施到位、具体安全行为到位、事前事故预防到位。要在发生事故因素、潜在危险、重点对策、预防措施等方面下功夫，以此来提高员工自我保护能力和处理事故能力，达到事故隐患大家清楚，事故预防人人有责，从而保证每次、每项现场工作都能安全无事故，夯实班组安全文化建设基础。

（2）抓好作业前 5 分钟安全活动

作业前的 5 分钟安全活动，是指现场工作负责人向工作班组成员宣读工作内容、交代安全措施和作业范围等，它是危险点预防分析的结果在实际工作中的运用，由现场工作负责人组织从事该项作业的人员在作业现场利用较短的时间进行，要求根据危险点预防分析出所列安全措施逐项落实到人。班组全体员工应对所承担的工作项目、任务、可能会发生的哪种伤害、引发的哪类事故，都要在作业前了解清楚，做到心中有数，才能防患于未然，从而保证每次现场工作都能安全无事故，这实际上是班组安全文化在事故预防中的深化和提升。

（3）强化班组安全日活动，营造安全文化氛围

车间向班组下发《班组安全活动日有关规定》，以制度的形式明确班组安全活动日的要求，每周 1 次，活动时间固定为：各工艺运行班组每轮白班下班以后 1 小时，各检修班组为每周一下午，活动时间 1 小时。确立安全日活动的内容：结合国家安全生产形势，学习企业安全例会精神，具体安排 1~2 个必须开展的安全学习内容。除此之外，各个班组可以自主学习一些事故案例，也可总结上周安全工作情况，安排下周安全工作重点，还可安排一些安全文化建设的基础性工作等。这样，在班组安全日活动中，转变了员工的工作作风，促进了活动的正常发展，加速了安全生产信息的反馈，营造了浓厚的安全文化氛围。

（4）普及"全员学习，终身学习"的安全文化理念

培养班组安全学习文化是提升班组综合实力，促进班组安全文化建设的有效途径。在班组安全文化建设中，要积极营造班组学习氛围，培养班组学习力，以学习促进创新。形成班组共同愿景和学习力：在班组安全文化建设中，最大的障碍是职工把学习当作一种负担，职工处于被动学习状态。因此班组必须建立共同愿景，职工必须建立个人愿景：在愿景中要渗透个人安全理念和目标。在愿景的引领下，建立长期的学习目标和学习计划，坚持学习，循序渐进地提高，形成班组团队学习的氛围。要把培养班组团队学习力作为重点，解决职工的学习态度问题，让职工在学习中受益，逐渐养成学习风气。应当创新安全学习方式，在开展脱产或半脱产安全培训的同时，还应积极推广"班前会学一题""班前会学一技"等安全学习形式。同时要通过事故案例教育、亲情感化等形式提高员工的安全学习意愿。提升职工安全技能和创新力。班组安全文化建设最终是要把学习力转化为创新力,要在工作中学习,不断提高解决技术难题、开展技术创新、突破安全瓶颈的能力。应围绕安全生产实际,把开展技术攻关、探索先进操作法作为学习的重点,引导职工自主创新。同时,要通过学习,提高员工工作现场事前排查预防、事中应急处理、事后自救互保"三种能力",使员工安全素质提升始终围绕安全生产实际进行,为安全生产注入活力。

(5) 完善安全文化评审与反馈机制

按照安全文化建设思路理念,可以对不同班组构建相应的安全文化评审管理机制,对班组工作的执行效果、执行意识的评审管理,在适当的情况下将规章制度作为审核的依据与原则,在规章制度从制定到审核的过程中寻求客观性的证据,从而对规章制度的制定与执行提供公正性的评价,及时发现、制定并落实相关的内容,及时采取有效的改进预防控制措施,促使规章制度的监督与检查实效性得到有效提升。另外,还可以借助反馈激励机制的建设实现对安全文化管理工作的改进,鼓励员工在发现规章制度中不合理条款时及时反馈的主动性,按照反馈的内容重要性以及意义标准等提供相应的奖励激励,借助这样的措施激发员工在安全文化建设管理方面的参与积极性以及责任感,促使整个班组安全文化建设管理的实效性得到持续提升,从而实现规范化管理,健康稳定发展。

总之,班组安全文化建设不是一成不变的,适时地改进和运用一些新方法、新手段,会让班组安全文化建设更加兴旺发达。

16. 用新思维、新模式营造班组安全文化氛围

(1) 创建学习型班组,夯实班组安全文化基础

要使安全文化理念深入人心,必须有一个科学的学习机制,建立学习型组织。建立班组学习制度,完善学习激励机制,倡导快乐学习理念,以创建学习

型班组为目标，以"五结合三互动"（五结合：组织学习与个人学习相结合；以老带新与以新帮老相结合；实践学习与理论钻研相结合；创新与创效结合；组织激励与自我鞭策结合。三互动：企业和员工之间的互动；员工与员工之间的互动；员工家庭与事业之间的互动）的形式为手段营造学习氛围。创造性思维方法见图1-5。

图1-5　创造性思维方法

（2）推进班组安全管理新模式，丰富安全文化载体

现代科学技术的高速发展，工艺技术装备升级，设备越来越复杂，安全管理工作难度增大，过去采用的"以考促学、以查代管"的方式来推动班组的安全管理，产生的负效应越来越明显，许多员工产生了恐惧心理，说到安全考试就愁，见到安全检查就躲。为改变这一现状，好多班组结合安全生产的特点和实际需求，在坚持规范化、标准化的基础上，不断探索班组安全管理的新方法、新途径，逐步建立起一套班组安全流程化管理的新模式。安全流程化主要根据班组安全工作特点，建立了班组安全基础、安全培训、危险源辨识、安全点检和安全文化五个核心流程，形成班组安全自主管理流程化体系，取得良好的效果。

（3）完善安全评价体系，创新班组安全文化机制

完善安全生产责任制，修订、完善各项安全规章制度，明确地规定员工在安全工作中的具体任务、责任和权利，做到一岗双责，做到各尽其职，安全工作事事有人管、人人有专责、办事有标准、工作有检查，落实有评价，职责明确、功过分明，从而把与安全生产有关的各项工作同员工联结、协调起来，形成一个严密高效的安全管理责任系统，并在每月都由班组安全员对员工的安全工作评价排名。

(4) 以人为本,开展具有班组特色的安全文化活动

坚持以人为本,打造安全文化是全面贯彻"安全第一、预防为主、综合治理"方针的举措,班组要着重培养员工的安全价值观和安全生产的主人翁意识,营造良好的安全氛围,树立以人为本的观念。

丰富班组活动。班组每季度都要组织安全培训学习、预案演练等各种活动。搞好危险预知活动,使员工对周围的生产现场情况、安全工作重点及施工过程中可能威胁正常安全生产、造成事故的危险源,真正做到心中有数、了如指掌,并通过实际演练发现问题,提高员工安全技能,增强员工对各种事故的控制和解决能力,尤其是应对突发事件的能力,提高员工的安全预知预防能力。

第二章
班组安全文化建设思想方法

> **本章导读**
>
> 本章介绍的是班组安全文化建设的思想方法。以实践为基础的安全文化，以鲜明的科学性、自觉的实践观、唯物的世界观、辩证的方法论，诠释了其实践性和科学性相统一、认识世界和改造世界相统一、唯物主义和辩证法相统一、唯物主义自然观和历史观相统一。安全文化实践不仅是科学的世界观，同时也是科学认识、分析和解决安全生产问题的基本原理、观点、方法论体系。
>
> 本章用26个班组安全文化建设的思想方法阐述其理论性和实践性。对企业班组建设安全文化有思想认识上的帮助，并指导班组在安全文化建设中端正思想态度，注重科学引领，力求把班组安全文化建设成先进文化的典范，为企业安全生产和安全发展提升文化软实力。

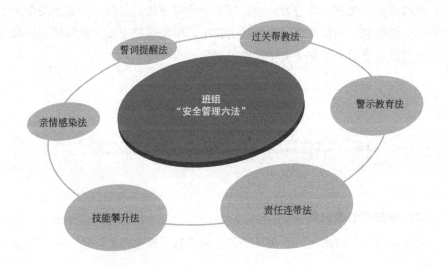

17. 安全文化教育是提高员工安全素质的根本途径

安全文化是大众文化,是通俗易懂的防灾免难、互救、博爱的吉祥文化。而文化是可以通过载体进行传播或称为社会遗传的方式世代相传的,取其精华,借以传教,由社会和人们继承、实践和发展,再以符合当代发展的新文化(即传统文化和现代文化的优化形式)流传给下一代,永世不竭。

安全文化教育的主要目的是传授对安全的思维、认识和态度;树立安全的哲理、价值观、行为和道德规范;掌握安全科学知识、技术、手段和方法;学习现代安全管理方法,建立与当代经济基础相适应的安全工作机制,贯彻执行"安全第一,预防为主,综合治理"的方针;宣传安全的伦理道德、安全行为科学、安全法制观点,从带有强制性的"要我安全"的方法,变为劳动者的"我要安全"的行动;倡导和弘扬安全文化,动员和发动班组每个员工,实现自保、互救,提高防灾应急能力,建立安全的环境和条件,保障员工的安全与健康;教育班组全员要以生产领域的安全为基础,同时要特别重视非生产领域的安全,尤其是生活与生存领域的安全等。

总之,只有以安全文化的方式,以安全文化教育的手段和途径,才能最深刻地启发人、教育人、影响人、造就人,通过安全文化教育来改变人的思想意识、思维方法,规范人的行为,树立安全文明道德风尚,确立正确的安全人生观和安全价值观,从精神文化和物质文化中,学习保护个人、群体的知识和方法,达到提高班组全员安全文化素质的目的。

18. 建立班组安全文化建设的长效机制

(1) 思想观念要创新

从众多事故分析来看,企业一手硬、一手软的现象相当严重,甚至没有真正重视和抓好人的安全意识问题。作为企业，要转变安全管理理念，树立"人是最重要的，没有安全就没有一切，更谈不上效益和发展"的理念，做到两手一起抓，两个成果一起要。即一手抓企业安全文化建设，一手抓企业安全生产，以安全文化建设促进安全生产，实现二者互动，最终达到提高企业经济效益、带动企业发展、增加员工收入、改善员工生活质量、实现双赢的目的。创新的五模块框架见图2-1。

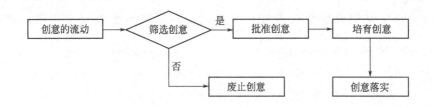

图2-1　创新的五模块框架

（2）工作氛围要浓厚

如何使班组安全文化有浓厚的氛围？首先，需要解决理念问题。班组安全文化建设是把安全上升到文化这个概念来认识的，提倡以人为本，重视人的生命价值这个理念。因此，班组在安全文化建设的过程中，必须始终以这个理念为核心加强对员工的安全思想教育，使他们在工作中自觉做到思想上重视、行动上负责，保证安全生产。其次，需要持久开展安全宣传教育活动。安全宣传教育是一项严肃的政治任务，它关系到党的安全生产方针能否贯彻落实，同时也是检验各级领导干部安全工作责任心的一个标准。领导干部只有牢固树立了"没有安全就没有员工的家庭幸福，没有安全就没有干部的政治生命，没有安全就没有社会的稳定发展，没有安全就没有企业的经济效益"这样一种意识，才能有强烈的安全工作责任心。

（3）领导责任要明确

班组安全文化建设要抓好，必须明确各领导干部的具体职责，形成人人重视、齐抓共管的格局，使员工牢固树立安全生产意识。要从班组实际出发，以《中华人民共和国安全生产法》为准则，明确班组长是本班组安全文化建设的第一责任者，班组长自觉地把安全文化建设和安全生产的重担挑起来，形成横向到边、纵向到底的安全文化建设的新格局。

（4）活动形式要多样

班组安全文化建设涉及企业安全生产的方方面面，有着广阔的舞台。因此，要以各种安全活动为载体搭建班组安全文化建设的平台，使员工做到遵章守纪、按章作业、自保互保、四不伤害。如开展安全知识、安全技术、安全法律学习，办"三违"人员培训班，建设企业安全文化长廊，以温馨标语、幽默漫画等形式展示"三违"的危害性和安全生产的重要性，开展安全文化娱乐活动，到车间、班组、岗位送关怀、送安全等。通过这些活动，使班组安全文化建设始终贴近安全生产的实际，成为企业安全生产的不竭动力。

19. 班组安全文化建设中，持之以恒是必由之路

由于历史的原因，很多企业安全欠账多，班组员工文化素质较低，班组安全文化建设不可能一劳永逸，更不是阶段性地一抓了之。班组安全文化建设是一项基础性、战略性工程，也是一项系统工程，要站在宏观高度，应用系统工程的方法进行有效组织、长远规划和逐步实施。我们要认识到，安全是企业永恒的主题，是企业员工生存最基本的需求和必要条件，也是人类发展和社会进步的必要条件。企业要保持稳定和持续发展，要保障员工生命和身心健康，就要把安全文化建设作为一项长期任务，循序渐进，持之以恒，常抓不懈。

班组安全文化建设，需要各个生产单位和安全监察部门共同参与，齐抓共管。尤其是企业安全生产第一责任人要把企业安全文化建设纳入整个安全生产工作之中，与企业文化融为一体，让安全文化在员工心中生根、发芽、开花、结果。安全监察部门要充分利用安全监察、安全检查、安全培训、签订安全责任书等途径，宣传、倡导、弘扬企业安全文化，指导企业安全文化建设，把企业安全文化建设任务化、具体化、指标化，力争落实到具体的每个人身上，确保监察与管理形成合力，推动企业安全文化建设。

班组安全文化建设,更需要全体员工的积极参与和配合。分析所有班组发生的事故原因,有机制问题,有管理问题,也有技术问题、设备问题,但归根到底是人的安全素质问题。现在,班组员工构成复杂多样,员工文化素质和技能水平参差不齐。为了社会的稳定和企业的安全发展,为了他人的生命安全,更为了自身的安全及家庭的幸福,只要跨入企业的门槛,每个人都应该把提高安全文化素质和安全意识作为一项"天字号"工程来完成。只有全员真正增强了安全意识,提高了安全素质,时时处处多一些安全的思考,才能把班组事故控制在最低点,才能最大限度地保障人民生命财产的安全,才能确保企业的安全发展和可持续发展。

持之以恒地坚持班组的安全文化建设,使班组在安全活动、安全教育培训、安全检查、隐患整改中始终贯穿安全文化的理念,使员工处处以文化的品位来完成各项安全生产任务,这样,班组的安全生产才有保障,班组的文化建设才能永续发展。

20. 浅谈安全观念文化的建设

(1) "安全第一"的哲学观

"安全第一"是一个相对、辩证的概念,它是在人类活动的方式上(或生产技术的层次)相对于其他方式或手段而言,并在与之发生矛盾时,必须遵循的原则。"安全第一"的原则通过如下方式体现:在思想认识上安全高于其他工作;在组织机构上安全权威大于其他组织或部门;在资金安排上,安全强度重视程度重于其他工作所需的资金;在知识更新上,安全知识学习先于其他知识培训和学习;当安全与生产、安全与经济、安全与效益发生矛盾时,安全优先。安全既是企业的目标,又是各项工作(技术、生产、效益等)的基础。建立起辩证的"安全第一"哲学观,才能处理好安全与生产、安全与效益的关系,才能做好企业的安全工作,当然也能做好企业班组的安全生产工作。

(2) 重视生命的情感观

安全维系人的生命与健康,"生命只有一次""健康是人生之本""安全是最大的资本"。反之,事故对人类安全的毁灭,则意味着生存、康乐、幸福、美好的毁灭。由此,充分认识人的生命与健康的价值,强化"善待生命,珍惜健康"的"人之常情"之理,是每个人应建立的情感观。不同的人应有不同层次的情感体现,班组员工或一般公民的安全情感主要通过"爱人、爱己""有德、无违"体现。而对于班组管理者,则应表现出:用"热情"的宣传教育激励教育员工;用"诚情"的服务支持安全技术人员;用"深情"的关怀保护和温暖员工;用"柔情"的举措规范员工安全行为;用"绝情"的管理爱护员工;用"无情"的事故案例启发教育员工。以人为本,尊重与爱护员工是企业法人代表或雇主应有的情感观。

(3) 安全效益的经济观

实现安全生产,保护员工的生命安全与健康,不仅是企业的工作责任和任务,而且是保障生产顺利进行,企业效益实现的基本条件。"安全就是效益""效益来自安全"。安全不仅能"减损"而且能"增值",这是企业法人代表和全体员工应建立的"安全经济观"。安全的投入不仅能给企业带来间接的回报,而且能产生直接的效益。安全经济学研究的成果表明,安全生产的经济规律有:事故损失占 GNP(国民生产总值)的 2.5%;发达国家的安全投资占 GNP 的 3.3%,我国现阶段占 GNP 的 1.2%;合理条件下的安全投入产出比是 1∶6;安全生产的贡献率达 1.5%~6%;预防性投入效果与事后整改效果的关系是 1∶5。安全效益金字塔表明:系统设计考虑了 1 分安全性,可带来系统制造时的 10 分安全性,而实现系统运行和使用时的 1000 分安全性。

(4) 预防为主的科学观

要高效、高质量地实现企业的安全生产,必须走预防为主的道路,必须采用超前安全管理、预防型安全管理的方法,这是多年的生产实践证实的科学真理。现代所有的工业系统都是人造系统,这种客观实际给预防事故提供了基本的前提和条件。所以说,任何事故从理论和客观上讲,都是可以预防的。因此,人类应该通过各种科学的、合理的安全对策和努力,从根本上消除事故发生的隐患和事故滋生的温床,把工业事故的发生率降低到最低限度或降低到可接受的限度。采用现代的安全管理技术,如安全文化管理,变纵向单因素安全管理为横向多因素综合安全管理,变事后处理为预先分析,变事故管理为隐患治理,变管理的对象为管理的动力,变静态被动管理为动态主动管理,实现本质安全化。这些都是班组应建立的安全生产科学观。根据安全系统科学的原理，预防为主是实现系统本质安全化的必由之路。

(5) 安全生产系统观

保障安全生产要通过有效的事故预防措施来实现。在事故预防过程中，涉及两个系统对象，一是事故系统，其要素是：人——人的不安全行为是事故发生的最直接的因素；机——机的不安全状态也是事故发生的最直接的因素；环境——生产环境的不良影响干扰人的行为，并对机械设备产生不良的作用；管——管理的欠缺，因为管理无止境，再好的管理办法也有再提高的空间。二是安全系统，其要素是：人——人的安全素质（心理与生理、安全工作能力、安全文化素养）；物——设备与环境的安全可靠性（设计的安全性、制造的安全性、安装的安全性、使用的安全性）；能量——生产过程能量的安全可靠性（能量的有效控制、能量的有效利用）；信息——充分可靠的安全信息（安全管理效能的充分发挥）。这些是安全生产的基础保障。认识事故系统要素，对指导我们从打破事故系统来保障员工安全具有实际的意义，这种认识带来事后型的色彩，是被动、滞后的，但也是必需的。而从安全系统的角度出发，则具有超前和预防的意义，从建设安全系统的角度来认识安全原理更具有理性的意义，更符合科学性的原则，但也有相当大的难度，必须从安全文化的养成入手。

21. 班组安全文化建设的核心是学习

过去人们常常把安全文化建设等同于安全宣传教育活动，这是需要纠正的一种片面观点。安全教育和安全宣传是推进安全文化进步的手段或载体（还包括安全管理和安全科技），是建设安全文化的重要组成部分，当然也是建设安全文化的重要方面。但是，安全教育和安全宣传并不能体现安全文化的核心内容。安全文化是一个社会在长期生产和生存活动中，凝结起来的一种文化氛围，是人们的安全观念、安全意识、安全态度，是人们对生命安全与健康价值的理解，是员工认同的安全原则和接受的安全生产或安全生活的行为方式。明确安全文化的这些主要内涵，需要大家取得共识。班组在建设安全文化过程中，主要是向这些方面进行深化和拓展。

安全文化建设的高境界目标是将社会和企业建设成"学习型组织"。一个具有活力的企业或组织必然是一个"学习团体"。学习是个人和组织生命的源泉，这是对现代社会组织或企业的共同要求。要提升一个企业班组的安全生产保障水平，我们常提出这样的要求，即要求班组建立安全生产的"自律机制""自我约束机制"。要达到这一要求，成为"学习型班组"是重要的前提。由此，我们得到启示：一个能够应对全球竞争的现代企业，其安全文化建设的重要方向之一，就是要使企业成为对国际职业安全健康规则，国家安全生产法规、制度和相关要求学习的"学习型企业"，成为安全工程技术和安全管理水平不断提高的"学习型企业"。当然，这样的企业下属的班组就应该是"学习型班组"。

由于企业针对安全生产问题，首先是面对国家的各种安全生产法规、标准和制度的不断发展的要求，其次又要面对国际职业安全健康规则，以及企业自身工艺技术、生产方式和管理制度的变革、员工安全素质的变化，这些都需要企业班组不断地学习才能适应。所以一个要不断提高安全生产保障水平的班组，需要克服"学习障碍"，班组长组织员工要不断地学习，而且要变班组团队学习为个人自觉学习，使班组成为"学习型班组"。

22. 班组安全文化建设的载体

安全文化不是无源之水、无本之木，它是通过一定的物质实体和手段，在生活和生产实践活动中表现出来的。这种物质实体和手段可称为安全文化的载体。安全文化的载体是安全文化的表层现象，它不等于安全文化。

关于安全文化载体的种类，可谓多种多样。如安全文化活动室、宣传橱窗、阅读室、各种协会、研究会、安全刊物、安全标志、安全互联网等，都是安全文化的载体。还有另一种安全文化载体，例如安全文艺活动、文艺晚会、应急训练、"安全在我心中"演讲比赛、安全表彰会等。安全文化的载体是安全文化的重要支柱。安全文化建设需要通过安全文化载体来体现和推进。优秀的安全文化必有很好的安全文化载体支持,它们会给企业及班组的安全生产工作和事故防范带来很好的效果。因此,重视和利用好安全文化载体是构建安全文化的重要手段。安全文化的建设可以用不同的载体来落实,具体来说有以下几种。

(1) 安全艺术方法

如用安全文艺、安全漫画、安全文学(小说、成语、散文、诗歌)等手段进行寓教于乐的安全文化建设。正像我国文学宝库中的成语安不忘危、居安思危、防微杜渐等;唐诗中的"泾溪石险人兢慎,终岁不闻倾覆人。却是平流无石处,时时闻说有沉沦"的名句,这样会使安全教育起到更好的效果。安全文艺会演是一种通过文艺演出向广大员工和社会进行安全生产宣传教育的形式,包括以安全生产为主题的会演、晚会、综艺等。安全生产文艺会演是综合的文艺节目,寓教于乐,通过员工喜闻乐见的形式,对员工进行安全生产的教育。安全文艺晚会以歌舞为主,配以小品、相声、曲艺等。安全生产综艺类节目类似中央电视台曾经的节目"正大综艺""综艺大观",以节目主持人为主导,以安全生产为主题,将歌舞、小品等文艺形式与安全防护知识测验、安全标志与设施的识别、安全行为的辨识等有机地结合起来,以达到安全教育的目的。安全漫画结合安全生产中出现的许多问题进行艺术创作,创作出一幅幅生动有趣、寓意深刻的漫画作品,唤起社会的警觉和注意,以社会的笑的力量去医治或预防某些安全生产方面的疾患。安全戏剧和曲艺是通过戏剧和曲艺的艺术形式,对员工进行安全生产教育,如独幕剧、小品、小戏剧、大鼓、相声、快板等。

(2) 安全宣传教育的方法

a. 一般安全生产技术知识教育。这是企业所有职工都必须具备的基本安全生产技术知识,主要包括以下内容:企业内的危险设备和区域及其安全防护的基本知识和注意事项;有关电气设备的基本安全知识;起重机械和厂内运输有关的安全知识;生产中使用的有毒有害原材料或可能散发有毒有害物质的安全防护基本知识;企业中一般消防制度和规则;个人防护用品的正确使用以及伤亡事故报告办法;发生事故时的紧急救护和自救技术措施、方法等。

b. 专业安全生产技术知识教育。专业安全生产技术知识教育是指某一岗位的职工必须具备的专业安全生产技术知识的教育。这是比较专门和深入的,它包括安全生产技术知识、工业卫生技术知识以及根据这些技术知识和经验制定的各种安全生产操作规程等的教育。按生产性质分,包括:矿山、煤矿安全技术；冶金安全技术；建筑、厂矿、化工安全技术；机械安全技术。按机器设备性质和工种分类，包括：车、钳、铣、刨、铸造、锻造、冲压及热处理等金属加工安全技术；木工安全技术；装配工安全技术；锅炉压力容器安全技术；电、气焊安全技术；起重运输安全技术；防火、防爆安全技术；高处作业安全技术等。工业卫生技术知识包括：工业防毒、防尘技术；振动噪声控制技术；射频辐射、激光防护技术；高温作业技术。进行安全生产技术知识教育，不仅对缺乏安全生产技术知识的人有必要，就是对具有一定安全生产技术知识和经验的人也是完全必要的。一方面，知识是无止境的，需要不断地学习和提高，防止片面性和局限性。事实上有许多伤亡事故就是只凭"经验"或麻痹大意违章作业造成的。所以，对具有实际知识和一定经验的、具备一定安全生产技术知识的人，也需要学习，提高他们的安全生产知识储备量，把局部知识、经验上升到理论，使他们的知识更全面。另一方面，随着社会生产事业的不断发展，新的机器设备、新的原材料、新的技术也不断出现，也需要有与之相适应的安全生产技术，否则就不能满足生产发展的要求。因此，对安全生产技术的学习和钻研，就显得更为重要了。对具体的工种进行理论知识的教育，是每一位员工安全素质的基本需要。不同的行业、不同的工种教育内容也不一样。安全生产技术知识教育，采取分层次、分岗位（专业）集体教育的方法比较合适。

(3) 科学技术的方法

一般安全技术知识教育的效果有一定的限度。对员工的具体的安全技术训练，主要靠基层管理人员根据不同工种的特点，进行专业安全技术知识教育。在进行安全教育时必须要有针对性，如教育员工了解工伤事故的类型、场所、原因，结合员工本人的岗位工作，使他了解不安全因素，在出现事故征兆时应采取何种安全措施，以避免事故的发生，这样才能取得良好的效果。对员工进行安全科学普及，强化安全科学的意义和观念，积极主动地发展安全科学，强调安全工程技术本质安全化等工作。

(4) 安全管理的方法

采用行政管理手段、法制管理手段、经济管理手段、科学管理手段等，推行现代的安全管理模式，建立科学、规范的安全管理体系，使企业、车间、班组的安全管理规范化、系统化，并能够持续改进、不断完善。

还有一种安全文化载体的方法。即通过定期的方式开展安全文化活动，例如：安全生产月活动、百日安全无事故活动、安全文艺晚会、安全电视知识竞赛、安全工作表彰会、事故防范活动、安全技能演练演习活动、安全宣传活动、安全教育活动、安全管理活动、安全科技建设活动、安全检查隐患排查活动、安全评审评估评价活动等。这些均是安全文化建设的有效载体。

23. 浅谈班组员工安全文化素质

安全是人类探索的永恒主题，安全生产是一切经济活动的头等大事，在从事经济活动的人群中，一般员工占了绝大多数，因而员工的安全文化素质是安全生产的根本保证。

事故致因理论和实践证明，绝大多数事故是由于"人的不安全行为"和"机器或物质的不安全状态"在同一时空遭遇而发生的（例如，未戴安全帽的工人走在建筑工地上，意外被上面掉下来的砖头砸伤）；少数事故是由于"人的不安全行为"遇到"环境的不安全条件"才发生的（例如，冒冒失失的工人在昏暗的路灯下，不慎跌入未加封盖的污水井中）；更少数事故是由于"机、物的不安全状态"处在"环境的不安全条件"下被引发的（例如，较干燥的硝化棉在气温高的仓库内自燃引起火灾）。这就是构成事故的三因素，人员—机物—环境的关系。在这三者中，"机物""环境"相对比较稳定，唯有"人"是最活跃的因素，"人"又是操作机物、改变环境的主体。因而，紧紧抓住"人"这个活的因素，提高他们的安全意识和安全文化素质，是做好安全工作的关键。

员工应具备的安全文化素质有如下几个方面。

a. 在安全需求方面。随着经济实力和生活水平普遍提高，由于人的价值观的改变，员工有较高的个人安全需求，珍惜生命，爱护健康，安全、舒适、长寿已成为公众普遍的需求，昔日要钱不要命的思想观念为人抛弃，主动离开非常危险和尘毒严重的场所，成为自我保护的要求。

b. 在安全意识方面。由于重大伤亡事故的惨痛教训和经验，使员工有较强的安全生产意识，拥护和力行"安全第一，预防为主，综合治理"方针，如从事易燃易爆、有毒有害作业，能谨慎操作，不麻痹大意。

c. 在安全知识方面。有较多的安全技术和科普知识,能够掌握与自己工作有关的安全专业知识和安全操作规程,并养成一种科学的思维方法。

d. 在安全技能方面。有较熟练的安全操作技能或特殊工种技能,通过刻苦训练,提高可靠率,避免失误。

e. 在遵章守纪方面。能自觉遵守有关的安全生产法规制度和劳动纪律,并长期坚持,养成遵章守纪的良好习惯。

f. 在应急能力方面。若遇到异常情况,不能临阵逃脱,能冷静地判断,科学地选择对策而正确、果断地采取应急措施,把事故消灭在萌芽状态或杜绝事故扩大。

总之,培养和造就员工安全文化素质,需要不断地进行卓有成效的安全教育和反事故演练,在浓厚的安全文化氛围中潜移默化,逐步形成。这样班组的安全生产就能安稳而无危险。

24. 班组安全文化是安全文明生产的基础

(1) 班组安全文化与班组安全文明生产

班组安全文化是班组在生产活动中形成并推行的,是具有可学习、可同化的,以防止灾难风险、减少损失为内容的一切精神和物质的总和。班组安全文化因班组不同而异,化工厂有毒物质多,工人养成了预防化学毒害的一些习惯,而其他工厂的工人则会有其他形式的做法,但都不能脱离企业的生产实际,这是企业班组安全文化产生的母体,这都是由生产环境、特定的工艺条件和产品的性质所决定的。例如,建筑行业的工人对坠落最为敏感,因为该行业发生的坠落事故最多;而制造行业对防坠落意识就比较淡薄。这就形成了以行业或企业为特征的安全文化,其根本目的是减少和控制生产过程中的灾难风险和意外伤害,实现安全文明生产。

a. 安全生产

• 安全生产是我们进行生产劳动的基础,一切的生产应当以它为前提条件。在生产活动中,我们需要注意三个步骤:第一,生产前的准备;第二,生产过程中的安全操作;第三,生产活动结束后,我们要充分地检查需要关闭的生产设备是否已经完全关闭了，这样我们才能完全地结束我们的生产活动。

• 我们在劳动过程中必须要遵守安全规程。在我们的所有企业中，我们每一个劳动者都要自觉地遵守自己所在岗位的安全规程，并且在接触新的安全规程时要深入全面地学习它，只有在深刻地认识和了解了安全规程的基础上，我们的生产才能真正地做到安全生产。有一些企业的职工在劳动过程中没有自觉地遵守安全规程，而是一意孤行，无视安全行为规范，这样做是对企业以及自身的不负责任。

• 安全生产是我们劳动者在生产劳动中的安全保障，它是我们的守护神。安全生产要以人为本，我们人类是生产劳动的主角，安全生产是保护我们自身生命及财产安全的，因此，我们必须遵守安全生产的一切规范。在我们国家的企业中，安全生产正在健康稳步发展，安全生产规范的制定也越来越人性化、科学化、理性化。因此我们劳动者更加应该认识到安全生产在我们日常劳动过程中所起到的巨大作用。关爱我们自己，从关爱我们自身的生命开始。关心劳动，也要从关心我们企业的安全生产开始。建立和健全现代企业制度，是指引我们生产劳动的方向。而大力发展生产力的前提，是我们必须对企业和我们自己的生命安全负责。为了我们每一个劳动者的自身权益，我们应当对安全生产的重要性有正确的认识。因为，我们劳动者要意识到，安全生产这四个字不是简单的纸上谈兵，而是我们每一个劳动者生命的守护天使。

b. 文明生产

• 文明生产是指生产的科学性，要创造一个保证质量的内部条件和外部条件。内部条件主要指生产要有节奏，要均衡生产，物流路线的安排要科学合理，要适应于保证质量的需要；外部条件主要指环境、光线等有助于保证质量。生产环境的整洁卫生，包括生产场地和环境要卫生整洁，光线照明适度，零件、半成品、工夹量具放置整齐，设备仪器保持良好状态等。没有基本的文明生产条件，企业的安全管理就无法进行。文明生产是规模生产的必然要求。现代生产的机械化程度越来越高，劳动者只有用规范化的方法使用管理设备，才能保证并延长设备的使用寿命，保证生产顺利进行。

• 文明生产是提高企业效益的有效途径。在同等条件下，第一是提高劳动生产率，第二是节能降耗、降低产品成本。文明生产使生产组织各个过程合理、优化，使产品过程最短、时间最少、耗费最少，从而实现最大效益。

• 文明生产是规范化管理的重要内容。文明生产规范人的行为、物的状态，使生产各个环节在正确的轨道上运行。文明生产所形成的优越劳动环境，从心理上使生产者产生愉悦感，使其思想负担减轻，能够心情愉快、精力充沛、全神贯注地完成压力较大的工作。

• 文明生产是科学管理的具体体现。现代管理科学对生产力赋予新的定义：生产力＝（劳动力＋劳动工具＋劳动对象＋科学技术）×科学的管理。它说明科学的管理能对整个组织系统的功能起到放大的作用。

(2) 安全文明生产为企业带来最大效益

企业的安全生产是在人工环境里进行的，这种环境本身就是人类文明的体现，任何与这种环境不协调的行为都是不文明的表现，都会给这个环境带来损害，使整个系统受到影响而抵消效益。因为作为人工环境的企业，从设备、装置到整个系统的操作条件，都伴随着科技的进步；作为企业的班组员工，必须与科技进步同步，才能适应操作条件，才能在工作中以合理的方式完成正常的生产和处理故障及预防事故，做到了这一点，实际上就是做到了安全生产。

因此，建设班组安全文化，是安全文明生产的基础，只有把班组安全文化建设好，提高员工的安全文化素质，才能保证班组的安全文明生产。企业或班组要持续发展，最好设法让各部门都知道做好自身的工作才能创造安全工作的好地方，这就必须搞好安全文化建设。安全文化建设有利于企业搞好公共关系，有利于社会舆论对企业的赞誉，既提高了现有班组员工的素质和荣誉感，还能吸收社会上高素质的人员来充实企业的力量，使企业或班组的发展持续稳定。

25. 推动班组安全文化建设必须广泛参与并与道德挂钩

(1) 开创员工广泛参与安全活动的新局面

过去的安全生产月活动，主办者主观愿望是想打造声势，引起全民重视，形成社会效应，然而实际效果是一次比一次强烈地让人感到安全是搞安全工作的人的事，近年来还给人以安全是应急管理部门的事的印象，而安全在应急管理部门也只是一个方面的工作。因此，参与安全事务、关心安全工作是由安全人员的事到应急管理部门的事，再到应急管理部门部分人的事，范围越来越小，不管口号提得多么响亮动听，主题多么响亮切实，缺少了全民参与，就难达到目的。在企业内部也程度不同地存在着类似的情况，要改变此局面，必须做到：①企业班组的班组长必须亲自参加全班组的安全活动；②班组内的安全工作必须由班组长亲自布置，分管副班组长和安全员只对工作完成情况起检查监督作用。做到这两点，员工们就不会被误导。

(2) 把"四不伤害"、杜绝"三违"与道德教育结合起来

党和国家对发扬民主的优良传统美德、创建人类的先进的精神文明表现出特别的关注。道德问题确实在一定程度上是不能不提及的事情了。安全工作中的"四不伤害"的全部内涵包含在道德范畴里面，班组安全文化建设的出发点与归宿都是"四不伤害"。做到"四不伤害"是对班组员工道德的基本要求。

在实际工作中，"三违"现象较普遍。在实际工作中，如果员工养成了违章违纪恶习，势必酿成事故，其后患无穷，严重威胁着安全生产。要改变这种局面，除了需要对不安全行为乃至养成习惯的主观因素进行认真分析，有针对性地采取矫正措施，克服不良习惯外，还要利用班会、班组学习来提高员工的安全意识，开展技术问答、技术练兵以提高安全操作技能，严格标准、强调纪律、规范操作行为，实行"末位淘汰制"以促使员工养成遵章守纪、规范操作的良好习惯。

26. 班组安全文化的形成机制

形成班组安全文化机制，就是确立班组安全文化建设的目标及实现目标的途径，并予以实施。目标确定之后，关键在于决策体制、制度建设、管理方法和员工的实际响应。

班组安全文化建设的目标是：提高班组全员的安全素质，增强安全意识，提高社会安全需求，在提倡"以人为本，珍惜生命，关心人，爱护人"的基础上，把"安全第一"作为班组生产经营的首要价值取向，形成强大的安全氛围。这样，事故就会大大减少，即使发生事故也能将损失降到最低。员工安文化手册框架见图2-2。

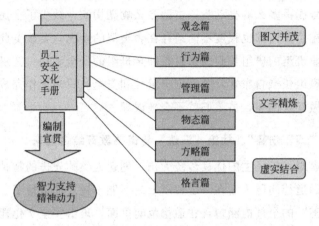

图2-2 员工安全文化手册框架

实现上述目标，首先要在班组决策层中建立将"安全第一"贯彻于一切生产经营活动之中的机制。这就要求各班组"一把手"真正负起班组"安全生产第一责任人"的责任，在计划、布置、检查、总结、评比生产经营工作时，必须同时有安全工作内容；在安全生产问题上，正确运用决定权、协调权、奖惩权；在机构、人员、资金、执法上为安全生产提供保障条件。与此同时还须强调，每位副班组长要各司其职，分工负责，本着"谁主管，谁负责"的原则，抓好本业务口的安全工作。

其次，进行班组安全文化制度建设，包括安全文化宣传制度、安全文化教育制度、岗位安全生产职责制度、班组安全生产技术规程、岗位安全规范、班组安全性评价标准等制度。

再次，为达到班组安全文化建设的目标，还要讲究工作方法，即采用班组员工喜闻乐见的形式，有目的、有组织、有计划地开展班组安全文化宣传、教育、培训、实践活动。例如，利用广播、电视、图书、报刊、黑板报、微信群、朋友圈、安全技能竞赛等多种多样的形式，宣传安全文化知识，讲授安全科学技术，传播应急救援处理办法和自救互救技巧，使班组广大员工及其家属从多渠道、多层次、多方面受到安全文化的熏陶。

最后，强调员工的实际操作及实际应急响应。即以上所要求做到的一切，都是为了提高员工的安全素质，只有大多数人员都接受了，学会了，应用了，并在实际生产经营活动和生活中收到了实效，才算达到了预期的目标。

27. 班组安全文化建设是一项系统工程

弘扬、倡导、发展、繁荣班组安全文化是人类生存与发展世代传承的历史重任。开展班组安全文化的实践活动,必然要涉及安全文化各领域相关的众多问题,必然要与安全文化建设问题紧密相连。从人类庞大的社会系统工程来看,安全文化系统本身是一个开放性的巨系统,它包含在社会系统工程之中,又给社会系统工程注入安全和文化的内涵。所以,安全文化建设是一项巨大的安全文化系统工程还基于以下原因。安全文化的结构及包含的内容见图2-3。

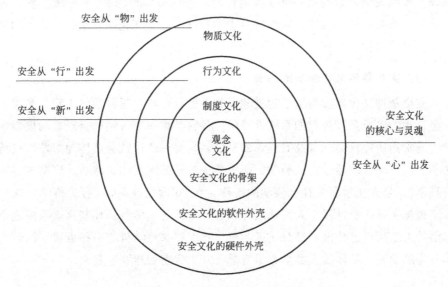

图 2-3　安全文化的结构及包含的内容

(1) 安全文化是由各文化因素组成的系统

文化是人类在社会历史发展过程中所创造的物质财富和精神财富的总和。文化因素有其相互作用的规律,也有其独立的系统。各分系统有其功能原则,而安全文化系统的总功能原则是与各系统综合、协调的。安全文化系统是具有宏观共性的及特殊性的巨系统,可用系统的观点来解释安全文化的特殊现象。

(2) 物质文化是安全文化建设的基础

一切人造物和天然物构成世界，物质是人类生存和发展的基础，也是安全文化创造、继承、发展的根本保证。物质的形态，存在的形式，物理、化学特性，功能和作用，人为事故和自然灾害产生的物质条件等，都有各自的属性系统，它们相互影响又形成了物质系统的特殊性。建设安全文化，就要研究所有物质对人的身心安全的益害，并按益害把物质分类，以此为发展安全文化提供可靠的物质基础。

(3) 安全科学技术是安全文化建设的方法

安全科学技术作为人类安全文化的结晶和精华，是安全文化建设的支柱和动力，安全科学技术本身有其自然科学的学科体系，有社会科学学科体系，有交叉科学学科体系。例如，安全工程系统、职业卫生工程系统、安全管理工程系统。我国安全科学技术一级学科包含的5个二级学科和27个三级学科，各分支学科都有自己的系统，利用各分支学科推动安全文化建设是一个巨大的社会文化系统工程。

(4) 安全精神文化涉及的内容

安全精神文化涉及与上层建筑建设相关的社会科学学科系统工程，是关于社会事物的本质及其规律的系统性科学，是科学地研究人类社会现象的模型科学。通常指研究社会现象及其规律的科学，它是一个以社会客体为对象，包括法学、经济学、政治学、社会学、历史学等学科的庞大知识体系。广义的"社会科学"，是人文学科和社会科学的统称。在20世纪晚期，"行为科学"这一术语被越来越广泛地用于人们称之为社会科学的各个学科。那些喜欢采用这个术语的人之所以这样做，部分是因为可以把上述这些学科与一些也属于探讨人类行为的学科（像体质人类学和语言学等）更为密切地联系起来。

28. 班组长须念好安全文化"管理经"

(1) 做员工的贴心人

安全工作不同于其他工作，涉及生产现场的方方面面，而不能有万分之一的"死角"和"漏洞"。做好安全工作，仅靠某位班组领导或员工是无法实现的，它需要班组全员的共同努力。要通过思想政治工作把先进的安全管理理念贯穿到工作当中，把安全意识渗透到每一位员工的心中，把大家的思想统一到"以人为本，安全第一"上来，努力在班组内部营造一种人人重视安全、人人保障安全的良好氛围。

班组长作为企业的"兵头将尾"，首先要身先士卒，用自己的实际行动对班组成员起到"桃李不言，下自成蹊"的带动作用。如果不能从严要求自己，工作就不可能开展好。因此，在班组日常管理中，要认准一个理：严于律己，宽以待人。遇到班组成员发生纠纷时，能坚持公道，以理服人，在班组树立起一种刹歪风、树正气的良好风气。

当好班组长，要明确自己所负的责任，不但对工作尽心尽责，还要时刻关心班组成员的生活和工作，及时了解员工的思想动态，做到"时时处处了解人，真心真意尊重人，实实在在关心人"。在工作中，要用道理启迪，用行动召唤，用典型引路。对自己一日三省，靠人格魅力带动和激励大家。

（2）做员工的引路人

人是企业的灵魂，若不能学习，就会失去创新的力量和源泉。培训是班组安全文化建设的基础，在抓员工培训上，班组长应结合日常工作中出现的不安全现象，员工中出现的情绪不稳定等情况，有针对性地组织开展座谈会、岗前培训、岗位练兵、预案演练等活动，做到寓教于乐。同时，班组在培训工作中要改变"头痛医头，脚痛医脚"的习惯和不出事故不培训的做法，进一步激发员工兴趣，让员工从培训中不断提升素质，陶冶情操，提高他们的安全生产积极性。

抓好学习的落实是组织员工安全学习的重中之重，要倡导终身学习的理念，班组坚持从政治学习制度入手，对安全学习也要在时间、内容、经费上有一定的措施予以保障，为员工配备一些喜闻乐见、通俗易懂的学习书籍，做到正确灌输、寓教于乐。通过班组全员的互动和学习实践，提高员工的学习、创新能力。

（3）做员工的带头人

抓安全工作，必须做好人的工作，这是安全思想工作的重要体现。通过认真分析近几年兄弟单位班组发生的事故，可以得出这样的结论：事故的发生不是人的安全技术素质不高，也不是企业的安全投入不够，而是人的思想在作怪，传统观念制约着班组员工的思想和行为，"艺高人胆大"、简化工作程序等侥幸心理在作怪。因此，必须清醒地认识到抓人的安全意识是一项长期的工作，应从最基本、最基础的环节抓起，从转变人的观念抓起。

作为班组长，应把集体利益放在第一位，不仅要和班组成员搞好团结，更应和班组里的核心搞好团结。有的班组在安全管理上之所以取得了长足的进步，与他们有一个强有力的班组核心是分不开的。如在进行较大项目的工作以及较为敏感的奖金分配等问题上，班组长首先和班组核心进行商量，充分发扬民主，集思广益，就工作的难点和热点问题交换意见，最后做出决定，这样大家才能心服口服。

29. 班组安全文化建设应运用心理学原理

掌握和运用心理学原理必然对班组安全文化建设有极大的帮助，如果忽视了心理学的作用，班组安全文化的成效将大打折扣。

首先，从班组安全文化本质看，它具有不能强制员工接受的特殊性，其内容侧重于精神方面，涉及的主要是员工的知觉、反应和思维的问题。因此，必须从心理学角度来研究建设班组安全文化的最佳途径，利用心理学原理指导安全文化建设。

其次，安全设施、安全用具、安全环境是为生产活动提供物的安全状态，而安全技术措施、生产方式方法及所有安全管理制度和规程规范，解决的是人的安全行为，无论物的安全状态还是人的安全行为都与人有关，即使是物质的状态也会因人而改变。人的各种行为离不开人的心理活动，研究人在生产过程中对安全的态度、意识、认识、思维等，比单纯解决物的状态要困难得多。因为人的多变性和差异性决定了它存在复杂性，这种复杂性恰恰成为我们应当高度重视和必须花大气力解决的问题。所以，我们不得不掌握一些心理学知识，从员工的心理方面考虑班组的安全文化建设方法、形式和途径。

安全既然是一种文化，它就不具有规章制度、法律或其他行政手段的强制性，因为它是柔和的。安全文化的存在形态如同糖之于水，能觉其味而不见其形，主要依靠浸润和潜移默化发挥作用，有如服饰文化、饮食文化、节日文化等。文化的感染力、穿透力极强，人们通过各种载体意会、感觉、品味各种文化，在认知认同的基础上，人们便会参与和追求。

由此可见，掌握心理学原理和心理学知识是开展班组安全文化建设的基础。俗话说，"蛇打七寸"，班组安全文化建设的"七寸"在哪里？就在员工对安全文化的接受程度。不认真探究员工的心理状态和心理要求，又怎能选择员工认同的途径和方法，找准切入点，有的放矢地开展这方面的工作呢？安全文化只有得到广泛认知、认同并变成员工的自觉行为，才能真正发挥作用。

30. 班组安全文化建设应与道德建设并举

在班组生产过程中以及安全管理中是否存在道德问题，道德因素对安全有无影响，班组安全管理中的道德状况如何，以及安全文化建设是否应当包括道德建设的内容，是应当关注的问题。

(1) 安全道德对安全状况有重要影响

一般来说，凡有人活动的场所都需要安全管理和安全设施的防护，人们都有相互监督、相互提醒和维护完善的义务,而没有破坏或坐视不管的权利。安全设施的动态管理与制度的刚性管理不可能百密而无一疏,必然有赖于相关人员的共同维护与遵守,否则就会产生"木桶效应",事故会从最短的那一块木板处产生,便会破坏经过长期努力得来的稳定的安全形势并造成灾难。

(2) 企业安全文化应担负起修正安全道德规范的责任

首先,要鼓励建立"人人为我,我为人人"的安全道德观。安全环境是公有的,安全是共同需要的状态,只要在同一时空,安全就不是个体行为而是整体行为,其状态与每个人都有关。那种视隐患于不见的行为来自"事不关己高高挂起"的自私观念,似乎是只要我不做违法违规的事,别人的事我不管。曾有一组漫画,画的是一群人围着马路上一片香蕉皮慷慨陈词,就是没有人将它扔进垃圾箱,当这群人中的某人原路返回时,正是这片香蕉皮让他摔断了腿。这组漫画辛辣地讽刺了那种所谓独善其身的现象,也说明此时漠不关心有可能使自己成为彼时的受害者。"只要人人都献出一点爱,世界将变成美好的明天",只要我们都做安全的有心者,安全的恩惠将撒向每个关心它的人,要让每个人知道,当自己维护安全的同时,别人也同样保护了自己。其次,要倡导用于维护安全的道德观。看见违章行为、发现事故隐患,应当主动劝阻、制止或揭露,其实质是关心爱护了他人,是良好安全道德观的主动体现,"宁愿听人骂,不愿看人哭",不惧误解,不畏侮辱,因为这样的举动避免了重大事故的发生,维护了他人的安全与幸福。

(3) 安全道德与职业道德具有一致性

《新时代公民道德建设实施纲要》提出,要广泛开展弘扬时代新风行动。良好社会风尚是社会文明程度的重要标志,涵育着公民美德善行,推动着社会和谐有序运转。要紧密结合社会发展实际,为人们增强公共意识、规则意识创造良好环境。

创建文明单位要立足行业特色、职业特点,突出涵养职业操守、培育职业精神、树立行业新风,引导从业者精益求精、追求卓越,为社会提供优质产品和服务。要把公民道德建设摆在更加重要的位置,以扎实有效的创建工作推动全民道德素质提升。因此,遵守职业道德规范必定要遵守安全道德规范,加强安全道德修养。良好的安全道德修养是每个员工应有的素质,安全是爱岗敬业的重要表现。由此可见,安全道德与职业道德毫无冲突之处,安全道德在职业道德范畴之内,班组安全文化建设应与安全道德建设同行。

31. 做安全思想工作须进退有度

(1) 要控制好力度

在班组实际的安全工作中,班组长做安全思想工作最常见的方法是批评教育。采用批评教育这一方法时,必须根据工作对象的思想基础、反应能力和承受能力等来把握不同的度。对承受能力比较弱的人,要事先透透风。承受能力比较弱的人多数自尊心强,猜疑心重,对批评教育往往看得重,容易背上较大的思想包袱,需要在批评教育前就对其做耐心细致的思想工作,以此作铺垫,使他们有思想准备,防止产生其他问题。对思想基础比较强的人,要轻撒"毛毛雨""响鼓不用重槌敲"。对那些始终自我要求严格、思想作风基础比较好的员工,如果是偶尔出现的小失误、小问题,只要及时对他们提个醒,点到为止下一阵"毛毛雨",就能够帮助他们主动改正。对深陷迷雾不知道改过的员工,要重打"响天雷"。

(2) 要调节好温度

做安全思想工作,要根据安全思想工作对象当时的情绪状态,恰当地把握火候。当工作对象的心理处于抑制状态时,情绪比较稳定,能够听得进不同意见,并可能按照班组长的意见去做,此时应立即做安全思想工作。假如在这种情况下不能够及时做安全思想工作,很可能会使工作对象在犯错误后产生的那些有限的自责心理在得不到及时引导的情况下消失,使批评教育失去最佳时机,事后再做安全思想工作则要花费更多更大的精力。而当工作对象的心理处于兴奋状态、情绪比较激动时,不宜做安全思想工作,因为这时候他还没有从冲动中冷静下来,对班组长谈话的意图充满反感,是不容易听进不同意见的,如果立即做安全思想工作,局面可能会弄僵。在这种情况下,应该采取以退为进的办法,即先适当放一段时间,待其情绪稳定下来,心理恢复平静之后,再循循开导。

(3) 要把握好程度

通常情况下,安全思想工作的对象是自己的员工或是比自己年龄小、资历浅的人，这时安全思想工作相对好做。但如果安全思想工作对象年龄比自己大、资历比自己深，这时安全思想工作就比较难做了。做这类人员的安全思想工作，既要缩短与对方的心理距离，又要启发对方的自觉性，维护对方的自尊。可采用迂回批评、帮助教育的方式，由远到近、由彼及此，逐渐接触问题的实质，使之产生联想，自行类比，逐条认清自己的问题；也可以采用谈心的方式、商量的口气，分阶段、分层次地谈论要解决的问题。时间证明，只要进而不过、退而不避，即使山重水复疑无路，也能柳暗花明又一村。在工作中要把握好尺度，让班组形成自我管理的氛围，班组自我安全管理方法见图2-4。

图2-4 班组自我安全管理方法

(4) 要选择好尺度

安全思想工作的最终目的是解决安全问题。由于发生安全问题时的具体情况千差万别，因此做安全思想工作要根据实际情况应时而动、择机用力。在安全问题严重复杂时，要尽快驾驭。有些复杂安全问题来得快、影响坏、危害大，往往一时难以解决，需要班组长首先驾驭局面，防止事态进一步扩大。遇到僵持不下的问题，最好的方法是沉着应对，以静制动，以退为进，即先想法避开对方的锋芒、逐渐消磨对方的锐气，然后再采用适当的方法进行教育。在问题或矛盾缓和时要尽快解决。问题或矛盾缓和之时往往"风平浪静"，很有利于解决，此时做安全思想工作宜于深入细致、全面开花。可以将批评教育和表扬鼓励结合起来，既对存在的安全问题揭短亮丑，又对取得的成绩充分肯定；既使员工看到问题，改变态度，又使员工看到希望，挖掘内在的安全生产积极性和主动性。

32. 用"心"联系员工

密切联系员工是我们的优良传统和优势。一切为了员工、一切依靠员工，从员工中来，到员工中去，是企业安全工作的基本路线。班组长要广泛深入地动员员工和组织员工把安全生产方针政策落到实处，就必须用"心"联系员工。

(1) 远而诚心引之近

如今，一些班组长和员工的关系已经不是当年的鱼水关系，而是"近在眼前，远在天边"，员工不知班组长的心思，班组长不明员工的实情，班组长成了盲人和聋人。要改变这种状况，班组长必须胸怀诚心，倾注真情。

a. 以真情推倒心理围墙。"感人心者，莫乎于情"。作为班组长，如果没有热爱员工的真挚感情，员工就不会与你接近，你也无法接近员工。要想拉近与员工的距离，一定要建立对员工的真挚情感，关怀体贴员工，尊重信任员工，热情帮助员工，真诚爱护员工，以真情去营造一种与员工互相尊重、互相信任的氛围，推倒与员工之间的心理围墙。班组长要明白，员工与自己之间虽然有职务高低的差别，但在人格上是平等的，都有维护自尊的心理需求，绝不能在员工面前摆"官"架子。在班组实际的安全工作中,员工最不喜欢那些"官职不大,架子不小"的班组长,他们对那些喜欢高高在上、盛气凌人、指手画脚、强迫命令的班组长,要么敬而远之,要么恨而避之。班组长只有尊重员工、热爱员工,把自己与员工摆在同等地位,建立以心对心、以情通情的心理平台,消除员工的心理障碍,才能受到员工的欢迎。

b. 以坦诚架设心灵桥梁。坦诚是连接心灵的桥梁。班组长要以坦诚的态度和诚挚的言行去与员工打交道。班组长只有与员工坦诚相见,说真话、做实事,才能赢得员工的信任。班组长如果打官腔,讲空话、套话和假话,员工就会退避三舍;如果做虚功、办假事,矫揉造作,员工就会对其嗤之以鼻。坦诚最有亲和力,最能拨动员工的心弦,也最能赢得员工的认同,所以班组长只有坦诚说话、坦诚做事,才能架起通向员工心灵的桥梁。

c. 以行动缩短心理距离。员工在日常的工作、学习和生活中,总是渴望得到组织和班组长的关怀体贴,并把这种关怀体贴看作是对自己的鼓励、支持和安慰。如果员工得到了班组长的关怀体贴,就很容易对班组长产生深厚的感情。班组长要放下架子到员工中去广交朋友、真交朋友,拉近与员工的思想感情,缩短与员工的心理距离。当员工在节假日加班时,班组长应到他们的工作岗位上走一走、看一看;当员工遇到困难时,班组长要抽空到他们家问一问;当员工来到身边时,班组长不妨把自己的位置挪到员工中,尽量缩短相互之间的距离。这些小小的举动,往往会无声胜有声,胜过千言万语,起到特殊的肯定、赞扬、鼓舞、激励作用,从而缩短彼此的心理距离。

(2) 近而谈心引之亲

a. 要主动服务。人的内心世界是丰富的、复杂的。作为班组长要真正了解员工的内心世界,就必须主动深入岗位同员工开展谈心活动。当前,有些班组长觉得时代变了,员工的民主意识强了,大家相互联系的渠道也多了,有什么问题可以在电话里和互联网上或微信里随时交流,再面对面谈心没有必要了。这种认识是片面的,因为再先进的通信手段,也代替不了面对面的思想交流,特别是说话的表情、会心的眼神,通过现代通信工具是无法表现出来的;再丰富的信息来源,也无法直接反映员工的真实想法和复杂心情;再频繁的日常见面,也代替不了思想深处的敞开。所以,不能用现代通信"新手段"取代面对面谈心的"老传统"。班组长只有积极开展与员工面对面的谈心活动,才能从员工的姿态、语言、表情中准确地捕捉到他们的心理信息,从而做出应有的反应，以语言、行动、表情等不同方式点化、感染、启发、打动员工，达到心灵共鸣的效果。

b. 要虚心倾听。只有虚心听取员工的意见，才能了解到真实情况，摸到员工的脉搏。班组长在与员工谈心时，一定要虚心倾听员工说话，给员工以表达思想、亮出心底的机会，使之在轻松的氛围里心情舒畅，增强配合和参与谈心的积极性。班组长要特别注意虚心倾听员工的不同意见，在员工谈到不同看法时不要厌烦、打岔，让其把想说的话说完，班组长只有真心实意地倾听员工的话，员工才会舒心乐意地与其谈话，否则就会谈不来、说不拢。

c. 要换位思考。开展谈心活动，采取换位思考的方式极为重要。班组长只有站在员工的位置和立场上来思考问题，才能够准确地理解员工的想法和心理状态，真正找到亲近员工的结合点。如果只强调自己的看法而不体谅员工的想法，就很难走进员工的内心世界，也就很难被员工接纳。班组长要善于发现自己与员工的共同点，以这些共同点作为谈心的切入点。并不失时机地加以强化，形成共识，使员工产生亲切感，并乐意亲近班组长。

（3）亲而用心引之密

a. 实事求是。为人做事贵在实事求是，一是一、二是二，丁是丁、卯是卯。班组长做安全思想工作要考虑实情，讲求实际，注重实效；处理安全问题要出以公心，求之公道，坚持原则；对员工的困难和要求，能办到的定办速办，取信于民，不能办的则讲清原因，说明道理，以理服人。切忌图虚名、巧伪装、说假话、做假事，搞"上有政策、下有对策"，以假记录、假总结、假材料来对付上级检查和员工监督。班组长对是非黑白，不能人云亦云、随波逐流，或者无棱无角，搞中庸之道；对员工的事情，不能敷衍了事，不能事不关己高高挂起，更不能当面答应、过后无影，失信于民。

b. 注意细节。班组长和员工的关系是在班组长与员工的日常接触中形成的，是在班组长对待员工的一言一行中形成的，是在班组长指导员工安全生产、关心员工生活的一件件小事情中形成的。员工常常会通过一些细节和小事来评价、分析班组长，确定自己的看法。所以，班组长在与员工交往的过程中，务必注重细节，"勿以恶小而为之，勿以善小而不为"。班组长如果能够在细小的事情上与员工沟通，在细节问题上赢得员工的好评，经常用"毛毛细雨"去滋润员工的心田，最终必然会受到员工的爱戴。

c. 深入员工。班组长做员工的工作，应该深入到员工中，与员工打成一片。实践证明，凡是下到岗位，能把自己当成员工一分子的班组长，与员工同吃、同住、同劳动，工作效果就明显不同。因此，班组长到岗位调查研究，一定要尽可能到问题较多、员工意见大的地方去，多听员工的肺腑之言，多解员工伤心之事。

33. 以安全文化引领安全生产，以安全生产打造和谐班组

(1) 抓住班组安全文化建设的核心，完善制度，建章立制

首先，加强班组长队伍建设，提高班组长的整体素质。班组长素质的高低直接影响班组文化建设的好坏。作为班组的灵魂人物，既要管又要干，为此，需要五方面的教育培训：一要有事业心和责任感；二要熟悉业务、技术过硬；三要以身作则，起模范带头作用；四要坚持原则，敢于管理；五要关心职工生活，维护职工的利益。通过各种培训，使班组长具有扎实的专业知识，丰富的现场管理经验，正确的作业管理方法，卓越的组织协调能力，良好的交流沟通技巧，独立分析和解决问题的能力。充分发挥"兵头将尾"的作用，为公司的发展贡献出力量。

其次是加强班组整体建设，大力开展"五型班组"创建活动。"五型班组"就是学习型、安全型、清洁型、节约型、和谐型班组。班组建设要以生产经营一线班组为重点，力争将班组建设成为勤学苦练、岗位成才、勇于创新的优秀班组；建设成为制度健全、遵章守纪、安全生产的优秀班组；建设成为设备清洁、岗位文明、环境整洁的优秀班组；建设成为节能降耗、增收节支、成效显著的优秀班组；建设成为以人为本、班务公开、团结和谐的优秀班组。

(2) 搭建班组安全文化建设的平台，创新载体，丰富内涵

a. 推广一个体系：6S管理体系。为给职工创造一个干净、整洁、舒适、合理的工作场所，使班组生产管理及安全文化建设提升到一个新层次，积极推广6S管理体系（整理、整顿、清扫、清洁、素养、安全）。通过不断探索与实践，使6S管理逐步实现由观望到执行、由执行到支持、由支持到主动，从而发生质的变化。不但使现场环境的脏乱差变成整洁明亮的场所，更重要的是理

顺作业秩序和改正职工的不良习惯，保障员工的作业安全，为员工按程序标准作业提供必要的条件，同时也使班组上上下下的安全意识得到提高，基础工作层次也得到提升，为提高管理水平奠定坚实的基础。

b. 开展两项竞赛：劳动竞赛、"安康杯"竞赛。

一是不断拓展劳动竞赛格局。在扎实深入开展"创建学习型企业，争做知识型职工"活动的基础上，为了提高员工的安全防范技能，大力开展岗位练兵、技术比武劳动竞赛活动和首席技工评选活动。为使竞赛做到常赛常新，在开展好常规竞赛的同时，根据不同时期的不同需要，做适当的调整。在首席技工评选过程中，各车间的各工种要全员参加选拔，最后确定选手参加公司的比武，达到全员练兵的目的。竞赛涌现出技能尖子，通过技能尖子的典型引路作用，带动技术创新工程的开展，从而提高全员的安全生产技术能力。

二是大力开展"安康杯"竞赛。在开展竞赛的时候，要把"支点"放在意识与技能的提高上，使其内化于心；把"焦点"放在制度与执行的整合上，使其固化于制；把"重点"放在亲情和氛围的营造上，使其融化于情。并做到三个突出（在安全理念上，突出一个"情"字，以人为本，防微杜渐；在安全管理上，突出一个"严"字，把握规律，群防群治；在安全技能上，突出一个"实"字，求真务实，防控结合），使企业的安全理念深入到每位职工心中，从而全面提升全企业的安全管理层次，提高员工安全素质，并建立一套长期有效的工作机制；形成各级一把手亲自抓，主管领导专门抓，部门领导具体抓，相关业务处室密切配合的安全管理网络体系；增强员工的安全生产意识和自我保护能力，促进企业的健康发展。

34. 班组安全文化建设的难点及应对办法

（1）班组安全文化建设面临的难题

a. 思想认识上存在误区。个别员工认为抓班组安全文化建设是公司领导层的事情，与自己无关，只要按照公司的要求，完成好日常检修施工任务即可，班组安全文化建设纯属多此一举。存在这种错误认识的人员占有一定的比例，这种认识严重制约了员工安全生产的积极性，产生了不利于班组安全生产的"土壤"。部分员工在思想上存在侥幸心理，认为没有人看到，偶尔违章一次不一定会出事，过去也有人这样干过；工作不细致，不认真执行工作票上所列的安全措施，对危险点分析缺乏重视，盲目开工、冒险蛮干，不按规程和程序操作，急于把活干完。这些思想的存在，导致在安全生产上有章难循，是违章事故发生的因素。

b. 安全生产工器具管理存在"短板"效应。安全生产工器具是一线班组安全从事运行、维护工作最基本和必不可少的工器具，安全生产工器具管理的好坏，将直接影响到企业在大修、工程施工中的人身和设备安全，因此必须认真做好安全生产工器具的管理工作。但目前部分班组对安全生产工器具的管理不重视，以致工器具的管理工作不规范。一方面部分班组没有合理地存放工器具，没有定期检查保养工器具的习惯，从而不能及时发现工器具的损坏和失效情况；另一方面没有及时将不合格的安全生产工器具淘汰并上交，使不合格工器具与合格的工器具混用，甚至部分班组仍然在使用超出试验周期的工器具。这些给企业的安全生产带来了极大的隐患。

c. 习惯性违章现象时有发生。安全文化建设对安全工作的操作人员提出了更高的要求，目前个别员工的安全操作技能不能适应安全文化的发展需要。主要表现为：个别员工没有形成标准化作业、团队协作和规范操作的习惯，造成习惯性违章现象屡禁不止、反复发生。同时，随着班组安全生产文化建设的持续推进，对员工安全操作技能的要求越来越高，作业行为要求越来越规范，而个别员工操作技能水平低下和行为不规范的现状与之形成较大反差。此外，部分管理人员对安全形势盲目乐观，缺乏忧患意识，在工作中只求速度，不抓安全，即使发生违章操作，也睁一只眼闭一只眼；当出现违章事件时往往顾及人情，对违章者网开一面，致使责任人不能得到有效处罚，从而纵容了违章行为，助长了有章不循的不良风气。

(2) 班组安全文化建设难点的破解之法

a. 转变思想观念，引导员工重视安全文化建设。通过完善规章制度及加大培训教育力度，使员工充分认识到安全文化在企业安全生产方面的重要性。为此，一方面要建立健全班组安全管理机制，完善各类安全规章制度，强调规章制度的必要性，任何人在规章制度面前一律平等。强调员工有权拒绝违章指挥和冒险作业，在发现直接危及人身、电网和设备安全的紧急情况时，有权停止作业或者在采取可能的紧急措施后撤离作业场所，从内因产生"我要安全"的行为，自觉地遵守安全规章制度。另一方面要抓好班组日常安全培训，要求班组长和安全员在自己学好安全文件的同时，还应及时传达给每位员工，并利用每周开展的安全日活动时间组织大家认真学习、热烈讨论，将学习讨论情况记录在安全活动记录单上，使每位员工都能深刻了解到现阶段的安全形势和文件上的具体内容。同时，通过举办班组大讲堂、经验交流反馈会、图片展示等活动，把违章造成的个人和家庭伤痛、企业和国家损失的后果传达给每位员工，用典型的事故案例来教育、警醒每位员工，让大家深刻体会到安全生产是与自己的生命安全息息相关的，从思想上高度重视安全生产，在心中打下"安全第一"的烙印。

b. 加强制度管理，建立安全生产工具、器具长效管理机制。严格按照工具、器具管理流程取用，严格执行工具、器具管理办法，规范安全生产工具、器具的存放、出入及试验流程，做到工具、器具统一存放、专人管理。同时强化安全生产工具、器具的使用、维护和保管，要求各单位、班组建立健全工具、器具台账，对工具、器具进行重新统计，尤其是仍在使用的还未采用二维码进行管理的安全生产工具、器具，将这类工具、器具进行梳理，确保工具、器具账物吻合。通过加大工具、器具的质量检查，检查试验合格记录是否完善，在试验合格周期内绝缘手套、绝缘靴是否有裂缝、破洞、毛刺、划痕等缺陷，绝缘棒的各连接部分是否牢固可靠等，并全面梳理工具、器具管理过程中存在的问题，排查可能导致人身伤害事故发生的事故隐患，并及时予以消除。对超期或试验不合格的工具、器具，要求各单位、班组立即停止使用，并集中封存，严防不合格工具、器具流入作业现场，切实杜绝因工具、器具损坏、失灵等原因造成的人身安全事故。

c. 抓好人员管理，杜绝习惯性违章行为发生。班组生产中的习惯性违章重点在班组的岗位，班组中习惯性违章操作关键又在班组长。为此，要高度重视对班组长的管理，强调班组长作为整个班组的领导者，在班组中是所有员工学习的榜样，班组长在日常工作中表现的好坏将直接影响每位员工对工作的态度。只有班组长以身作则，在日常工作指挥和操作中，时刻以安全规章制度为基础，严格遵守各项安全管理制度，把"安全第一，预防为主"作为日常工作中的重点，那么班组长传授的安全理念才会更容易被大家接受。只有使每位员工都养成良好的安全习惯，才能有效地防止生产中的违章操作。要求各班组在班组日常安全活动中,每月要定期开展"反思与自我批评"活动,对每个月的安全生产工作进行反思,及时检讨有无习惯性违章的存在,查找习惯性违章产生的根源和原因,组织大家进行大反思、大讨论,并结合典型违章案例进行深入讲解,用事实教育广大员工避免习惯性违章,在实际生产中按章作业。

35. 班组安全文化建设须搞好团队建设

(1) 团队精神

简单来说,团队精神就是大局意识、协作精神和服务精神的集中体现。团队精神的基础是尊重个人的兴趣和成就,核心是协同合作,最高境界是全体成员的向心力、凝聚力,也就是个体利益和整体利益统一从而推动团队的高效率运转。团队精神的形成并不要求团队成员牺牲自我,相反,挥洒个性、表现特长保证了成员共同完成任务目标,而明确的协作意愿和协作方式则产生了真正的内心动力。没有良好的从业心态和奉献精神,就不会有团队精神。

(2) 团队目标

团队目标是十分重要的团队要素,而帮助团队设定明确的目标可以遵循以下五大步骤。

a. 团队的目标达成一致。团队动态取决于团队需要实现的目标和每位团队成员的个性。

b. 让团队专注于核心优先事项,从而由外向内形成统一。

c. 团队应该利用主要贡献列表制定一份任务明细,言简意赅地陈述团队为哪些工作而存在。

d. 团队任务明确之后,就要开列紧要事项清单——确定团队必须完成的工作和团队成员实现核心目标所必需的互动方式。

e. 利用团队的任务和紧要事项清单来界定参与规则。

(3) 班组安全文化建设中的团队表现

a. 凝聚力。成大业的孙中山、毛泽东都有一个共同点,就是能将千百万人的心连在一起，这是十分独特的能力。我们跟随一个领导者，就是希望他能创造一个环境，结合众人的力量，营造一个未来！正是这种凝聚力，在创造着人类的历史。试想如果团队成员远离你，甚至因为你的言行让他们失望而放弃对事业的追求，你还会成功吗？

b. 合作。大海是由无数的水滴组成的，每个人都是团队中的水滴。21世纪，个人敌不过团队。个人的成功是暂时的，而团队的成功才是永久的。团队的成功靠的是团队里的每位成员的配合与合作。如同打篮球，个人能力再强，没有队友的配合也无法取胜。打比赛时5个人就是一个团体，有人投球、有人抢篮板、有人战术犯规，其目的都是实现团队的目标。

c. 组织无我。安全生产事业是团队的事业、集体的事业，个人的力量是有限的。成功靠团队共同推进，每个成员一定要明白，团队的利益、团队的目标重于个人的利益和目标。在团队中如果人人只想照顾自己的利益，这个组织一定会崩溃，团队没有了，个人的目标自然也实现不了。既然是团队行动，就应听从领导人的安排，任何事情就变得很容易，这是组织无我。团队的目标就是靠这种组织无我的精神达成的。

d. 士气。没有士气的团队，是缺乏吸引力、凝聚力、战斗力的，而士气旺盛的团队，无论在任何环境，遇到任何困难，都是无往而不胜的。刘邓大军挺进中原，狭路相逢勇者胜，就是最好的证明。就是这种士气，让不可能变成了可能，从此解放战争掀开了新的一页。班组团队应该是充满士气、昂首向前的团队。

(4) 团队的重要性

团队建设的好坏，象征着一个企业后继发展是否有实力，也是这个企业凝聚力和战斗力的充分体现。团队建设首先应该从班组做起，使班组之间亲密团结，协作到位。管理者心里始终要装着员工，支持员工的工作，关心员工的生活，用管理者的行动和真情去感染身边的每位员工，平时多与员工沟通交流，给员工以示范性的引导，捕捉员工的闪光点，激发员工工作的积极性和创造性。更重要的是，管理者要沉下心去和员工融为一体，让员工参与管理，给员工创造一个展示自己的平台，形成一种团结协作的氛围，让员工感到家庭般的温暖，在这个家庭里面分工不分家，有福同享，有难同担，个人的事就是团队的事，团队的事就是大家的事。对待每个人、每件事都要认真负责，做到以上几点，就可以建设一支好团队。团队的力量见图2-5。

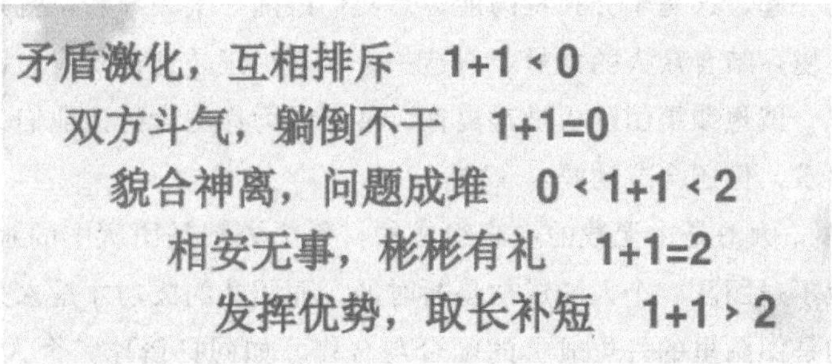

矛盾激化，互相排斥　1+1＜0
双方斗气，躺倒不干　1+1=0
貌合神离，问题成堆　0＜1+1＜2
相安无事，彬彬有礼　1+1=2
发挥优势，取长补短　1+1＞2

图 2-5　团队的力量

总之，班组团队建设是一个系统工程，班组在安全文化建设中必须要有一个大家信得过的团队领导，在其指引下，制定班组未来发展的远景与使命，为组织制定清晰而可行性的奋斗目标，选聘具有互补类型的团队成员，通过合理的激励考核，系统的学习提升，全面提升班组的核心战斗力，班组才能战无不胜，才能产生核聚变效应，才能获得更大的安全回报。

36. 推行班组安全文化须提高科学思维能力

(1) 提高安全文化建设战略思维能力

安全文化建设战略思维，是指具有全局性、长远性、根本性的思维。班组安全文化建设战略思维能力，是指从班组全局的、长远的、根本的角度研究安全文化问题，解决安全生产问题的能力；是统揽全局、兼顾各方，善于把握事物发展趋势和方向的能力。

班组领导只有具备较强的安全文化建设战略思维能力，才能正确处理班组文化建设的战略目标、战略布局、战略重点、战略步骤、战略保障、战略转变等一系列事关班组全局的战略性问题，才能有正确的战略规划和战略行动，才能取得安全生产事业的成功和班组可持续发展。"不谋万世者，不足谋一时；不谋全局者，不足谋一域"，班组领导要善于处理局部与全局的关系，做到把握好全局、谋划好全局、服务好全局。同时，还应看得远，妥善处理当前发展与长远发展的关系，眼前利益和长远利益的关系，从而提高安全文化建设工作的科学性、系统性、预见性和前瞻性。

(2) 提高安全文化建设辩证思维能力

辩证思维,是指立足于客观事物的辩证性而展开的思维。辩证思维能力,就是抓住关键、找准重点,善于洞察事物发展规律的能力,它要求以普遍联系、变化发展和对立统一的视角观察问题、分析问题、解决问题。

当前改革发展已进入矛盾凸显期,各种利益关系更加复杂,人们对改革发展的社会预期普遍提高,对自身的利益诉求明显增强,统筹协调各方面的利益关系的难度加大,发展中不平衡、不协调、不可持续的问题依然存在。这就要求班组长在班组安全文化建设中不断提高辩证思维能力,在实际安全工作中坚持一切从实际出发,具体问题具体分析,善于区别不同情况,针对不同的安全问题采取不同的安全工作方法,因地、因人、因时制宜,防止简单化。同时,班组长要能够坚持统筹兼顾,善于处理各方面的利益关系,防止片面化。比如,班组长在具体安全工作中,对员工利益得失要充分考虑到,对员工情绪要及时觉察到,善于运用辩证思维的方法解决矛盾,耐心疏导,依法保障员工的合法权益。

(3) 提高班组安全文化建设的创新思维能力

创新思维,是人类开拓认识新领域、形成人类认识新成果的思维活动,其实质是对原有思维模式的超越。创新思维能力,就是超越旧规、开拓进取,善于探求解决难题的各种办法和途径的能力。

班组长应当善于接受新事物,提升思维的前瞻性,不断学习安全文化建设的新思想、新知识、新经验,掌握新信息,通过知识的更新促进思维方式的转变,从而提高思维的想象力、创造力、规划力。时代在发展,实践在深入。班组长在安全文化建设中应当打破思维定式、改变思维习惯,超越已有思维方式的局限,不迷信、不盲从,做到因时而动、与时俱进。转变领导方式和发展方式最紧要的是用创新来推动发展,具体来说,就是以求新来大大提高安全文化建设中的安全贡献率。

同时,还要创新机制,转变观念,改进绩效考核办法。推动班组安全发展,改善员工安全状况,需要不断地增强安全文化营养,但这种安全文化营养的增加要靠增长知识、在安全生产实践中和各种安全文化活动中来逐渐增长,不能期望一夜就能发展成为最好的班组安全文化。

37. 起草安全工作演讲稿的"六字箴言"

在班组安全文化建设中,安全演讲是安全文化建设的重要载体,是员工参与安全文化建设的重要方式,也是实现班组安全的重要途径。新时期、新常态,随着形势、任务的发展变化和员工队伍的文化层次的不断提高,对班组安全文化建设活动中安全工作演讲稿的撰写要求越来越高,难度也越来越大。笔者结合自己多年来写作实践,提出起草安全工作演讲稿的"六字箴言"——准、高、清、实、深、精。

(1) 定位要"准"

撰写安全工作演讲稿首要的是定位要准确。一是要弄清为什么要演讲。发表安全工作演讲,总有一定的目的和意图,起草安全工作演讲稿要反映员工的安全思想,表现员工的安全主张,体现员工的安全要求。要通过听员工说、讲自己想和工友议等,了解其员工安全演讲的背景、原因、目的,确定员工安全演讲的主题,准确把握其进行安全演讲的意图。二是弄清员工以什么身份讲。员工在不同场合代表不同的身份,进行安全工作演讲的内容也应随之发生变化,其演讲的语气、表达方式也应有所不同。三是弄清员工在什么场合讲。要根据特定的场合确定演讲属于哪一类、哪一种,此外还要考虑演讲空间情境,是人多还是人少,是大广场、报告厅还是小型会议室,场合不同,句式、修辞皆有区别。四是弄清员工讲给什么人听。要了解演讲的受众是哪些人,他们的年龄结构、文化程度、职业情况、思想状况如何。同时,还要换位思考,了解听众的心理、愿望和要求,尤其要了解他们最直接、最关心、最迫切需要解决的安全问题。只有掌握演讲的对象的基本情况，紧紧抓住他们感兴趣的方面，提高演讲的针对性，才能引起共鸣。

(2) 立意要"高"

高度是衡量一篇安全工作演讲稿是否成功的重要标志，也是安全工作演讲稿写作中最难把握的一个重要方面。一是要有理论高度。理论是实践的基石，没有安全思想指导的安全行为是盲动的。要从安全理论的高度对安全工作进行抽象、概括和提炼，深刻反映和体现安全科学理论、党和国家的安全生产方针政策和上级安全工作决策指示精神在本企业的贯彻落实情况，揭示安全工作规律，明确安全工作的方向和目标任务。二是要有政策高度。要能够站在国家安全生产方针政策和上级有关安全工作精神的高度审视相关安全问题，认真分析和探究安全问题的内在的深层次的原因。要尽可能多地查阅、研读上级最新的安全生产文件、材料和领导同志的重要讲话，从中深刻领悟、准确把握上级的安全工作新精神、新要求和新提法。三是要有全局高度。站得高才能看得远，要善于跳出个人的、班组的小圈子，站在全局来看问题。要着眼于企业全局利益和长远利益，善于把具体安全生产问题提高到全局的层面来分析。要注意对事物进行多角度、多侧面、多层次的深入剖析，从而做出理性的综合和概括。四是要有战略高度。要有世界眼光和战略思维，善于观察，勤于思考，凡事看得远一点，想得深一点。要多关注改革开放和安全事业发展中重大理论和实践问题，善于思考和把握事物发展中各种矛盾之间的联系，善于对客观事物中的大量的、零碎的感性材料进行由点到面、由表及里、由浅入深的分析，见微知著，小中见大，把握本质，揭示规律。

(3) 结构要"清"

结构是文章的骨骼。一篇好的安全工作演讲稿必须层次分明、条理清楚、逻辑关系清晰。一是要纲目清楚，层次清晰，纲举才能目张。二是要突出重点，详略得当，重点突出，不要平均用力。三是要过渡自然，衔接到位。无论是层次之间，还是部分之间，整个安全工作演讲稿的思路往往不是平稳的直线发展，其中有分合、有转折、有迂回、有跳跃，意思的转换和表达方式的转换等都需要承转自然，巧妙过渡，无缝对接。

(4) 内容要"实"

起草安全工作演讲稿要坚持一切从实际出发，努力在"实"字上下功夫，把客观存在的实际事物作为提出问题、解决问题的根本出发点。一是材料选择要实。二是分析情况要实。三是提出的思路和措施要实。要根据事物的客观和主观条件，对各种有利因素和不利因素进行探究和考证，既要充分发挥人的主观能动性，也要考虑到客观的可能性。用科学的态度和方法找出切合实际的、有针对性的、合情合理合法的解决实际安全问题的"金钥匙"。

(5) 思想要"深"

思想性是安全工作演讲稿的灵魂。一篇安全工作演讲稿能否触及听众思想深处，引起心灵共鸣，在很大程度上取决于提炼思想观点的动力。为此，要善于运用辩证的、前瞻的思维去认识、分析和解剖安全问题，透彻分析和精炼概括，进而从事物本身挖掘出真知灼见，从本质上去揭示主要安全问题、主要安全矛盾。一是要善于用辩证思维去认识、分析和判断安全问题。二是要善于抓住主要矛盾和趋势去认识、分析和判断问题。三是要善于运用经典言论和典型案例去认识、分析和判断安全问题。要因人、因时、因地恰当地运用这些经典，并顺着这些言论和案例提供的思路，提出自己的独到见解，扩展和深化对自己所要阐述的安全问题的认识。

(6) 文字要"精"

话不在多，而在精练；语不在繁，而在技巧。安全工作演讲稿在语言上认真锤炼、打磨，要精益求精，精雕细刻，让人看起来"赏心悦目"，听起来"顺耳顺心"，读起来"朗朗上口"。一是要精确。二是要精练。三是要精彩。要把书面用语口语化，把抽象的道理具体化，把概念的东西形象化。要熟练运用各种修辞手法，使文稿形象起来，生动起来，扣人心弦，吸引眼球。要善于运用比喻、拟人等修辞手法增强形象性和感染力，善于运用反语、对偶、反复等修辞增加语言律美和增强情感表达，善于运用引用、警句等增强表达效果。要体现安全工作的特点和风格，努力把握、理解、熟悉安全工作的特点，防止把各种工作的演讲稿写成千人一面、众口一词。

38. 开展安全演讲，促进安全文化建设

文化是管理的最高境界，利用安全文化进行班组安全生产管理，是班组安全管理不懈的追求。因此，在班组开展安全演讲对促进安全文化建设发挥着重要的作用。

(1) 爱岗敬业，营造班组安全文化氛围

班组是事故易发地，要搞好企业安全工作，班组极为重要，班组是完成生产任务的前沿阵地。作为一个生产班组，班组中每个成员都要认识到自己肩上的责任，要认识到自己工作的重要性。工作中牢固树立"安全第一、预防为主"的方针，不能因为生产工作的单调性、重复性，自己工作时就不专心，甚至满不在乎，要认识到或许自己的一个小的失误，就会给企业造成重大损失，就会给人民大众带来巨大的灾难。班组通过开展学习上级安全管理文件和开展政治学习，从思想上端正工作态度，明白自己的工作是为实现小康、为中华振兴伟业服务，热爱自己的岗位，上班时精心操作，认真巡视，每个班组成员做好自己分内的工作，只有这样才能有高度的责任心和事业心，工作才能做好。

安全生产责任重于泰山。做每件事都要按规章制度办，通过班组内部定期开展的安全学习和培训，使大家熟悉安全规程、操作规程、运行规程以及企业各项规章制度。同时，对每次的事故通报，大家都应及时学习，这些都是血的教训，总结别人的经验和教训，特别是对反事故措施的学习，应用到实际的工作中。倒班回来的员工利用半天时间进行班组事故预想活动，大家积极发言提出自己的处理方法和措施，这样可以提高大家处理事故时的应变能力。工作中大家互相监督，提高警惕，对于工作中违反安全制度的员工及时提出批评和建议，比如每天的安全巡检，有时看到领导来了就戴安全帽，没有领导就不戴安

全帽，没有意识到这是保护自己的生命安危，个人安全了企业的安全生产才能取得好的经济效益，企业有了效益，职工才能有好的生活来源。通过班组开展批评与自我批评活动，做到完全杜绝此类情况的发生，真正形成"我要安全"的自觉行为。通过活动营造了一个好的安全文化氛围，班组的安全水平也将得到提高。

(2) 加强学习，提高班组成员综合业务水平

光有责任心是不够的，掌握一手过硬的专业技术是完成各项任务的前提。班组的许多高新技术需要我们学习，这样工作起来才能得心应手，遇到事故才能处理有方。首先从自己做起，技术上努力学习新知识，不断掌握安全新技术，给班组里的同事带好头。同时积极引导班组里的同事进行技术更新，开展班组内部技术培训和技术研究活动，大家就一个问题进行技术问答活动，最后归纳总结形成文字存档，还可以请技术好的同事给大家进行技术强化培训，特别是对新来的成员，由老师傅进行技能的"传、帮、带"，对他们进行技术交底，使他们能早日上岗。工作中还对他们进行现场培训，利用巡视的机会，对照设备进行技术抽查，不明白的大家一起讨论学习。只有大家的综合业务水平都提高了，班组的安全水平才能有一个可靠的保证。

(3) 增强班组的凝聚力

一个人的能力是有限的，确保安全生产以及班组的安全运行，需要一支素质高、技术硬的队伍。平时充分发挥班组每个成员的智慧和能力，将班组的任务和目标分配到个人，创造良好的工作环境，激励个人的工作热情和创造精神，比如通过开展设备安全评价、质量控制活动、科技项目申报等一系列有意义、有价值的工作，增强班组的凝聚力。

一方面，班组通过学习公民道德素质条例和职工道德规范，做到自己身边无违章、无违纪事件的发生，同时开展党员身边无违纪、无事故活动，起到先锋模范作用。通过挖掘本班组的先进典型，利用身边的先进个人和事迹，大力营造班组积极向上的团队精神，使班组有一个全新的精神面貌。另一方面，大力开展对身心有益的活动，比如参加工会组织的篮球、足球比赛，和别的班组一起开展活动。班组内部互相关心、互相照顾，增加班组成员之间的感情交流，从而增加友谊和团结。

总之，通过班组内成员的共同努力，班组的各项工作能够顺利有效地完成，相信只要大家齐心协力、群策群力，班组安全文化建设的工作将会更上一个台阶。

39. 安全生产应当注入文化元素

(1) 潜心打造"同心圆"安全文化

根据对近年来员工违章作业情况的调查分析，90%是员工安全意识和责任心不强造成的。其中简化操作程序等"干惯了、习惯了"的现象普遍存在。我们认为，"要扭转员工这种长期形成的不良习惯，不仅需要严格的管理制度，还需要让员工认知安全、认识安全，围绕人做文章"。

经过对安全正反两方面经验教训的理性思考和对以往安全管理工作全面系统审视和整合，认真学习借鉴兄弟单位先进的安全文化和管理经验，进一步拓宽思路，提升境界，并系统总结，提炼整合，创建了"同心圆"安全文化理论体系。该体系从文化角度审视安全管理问题，突出"以人为本"的科学安全观，以安全理念铸魂，以安全技能强攻，以安全责任筑防，以安全环境奠基，以安全机制严控为主要内容，形成了以五个相互联系、相互叠加的同心圆几何模型为基本框架的"同心圆"安全文化理论体系。其具有系统性、闭合性、立体性、人文性、可控性、创新性的特点，符合企业班组安全管理的实际，具有较强的实效性和可操作性。

(2) 党政合力，创新安全工作模式

创建班组安全文化是政治工作与经济工作的最佳结合点。安全是班组各项管理工作中最难抓的，也是必须天天抓、时时抓的重要工作之一。党组织通过抓安全文化建设，提升全员的安全素质，促进班组的安全生产，既体现了党组织工作的自身价值，也是对行政工作的最大支持。行政领导从创建安全文化过程中看到了、体会到了实实在在的安全效果，更加主动去抓，从而使得"中心"与"核心"形成一条心，两手合力共同抓安全，促进企业形成安全和谐发展的良好局面。

把安全文化建设作为班组的一号工程，全力确保人力、精力、财力、物力到位，把安全文化建设真正纳入班组整体发展规划之中。成立以班组长为组长的安全文化领导小组，细分决策层、管理层、执行层、操作层四个责任层次，明确规定动作。

同时,立足班组自身实际,通过把"同心圆"安全文化理论体系划分为五组链条模块,从强化愿景链、理念链、宣教链、识别链、养成链入手,通过对各个链条系统之间的调控、支撑、保证等磨合运作,使这些要素相互依存、环环相扣,构成一个不可分割的"安全链系统模式"。利用这个特色模式,对各个分项体系进行闭环管理,全面形成安全管理靠闭环、闭环保安全的发展态势。继而把安全管理、安全质量、安全制度、安全行为、安全环境五种安全文化在实践过程中升华、扩散、渗透为广大员工所认知、认识、认同、接受,并化为全体员工遵章守纪、按章作业的自觉行动的全员安全意识,在班组形成"以人为本,安全发展"的浓厚氛围。同时指导、约束、规范全体员工的安全行为,不断提升全员安全素质,全面形成"抓安全——文化制胜"的全员共识,为真正实现打造本质安全型班组的最终目的奠定坚实基础。

(3)夯实"三基",建立安全生产长效机制

a. 抓基础。通过建立责任目标的精细标准、考核标准和激励标准三个标准,积极推行安全精细化管理,探索出一条符合班组实际的安全文化建设新路子,促进企业整体管理水平的不断提升。同时,把安全标准化工程定为"生命工程""一把手工程",加强对安全质量标准化工作的领导,形成党政工团齐抓共管的保证机制。在对现有各项安全管理制度进行梳理、整合的基础上,形成一套包括班组职能分工、岗位职责、工作流程及各个专业具体操作要求在内的多个工种或岗位标准,使管理者明确管什么、怎么管、管到什么程度,使员工明白干什么、怎么干、干到什么程度。

b. 抓基层。创新中层干部自考制度,完善年度考核办法,建立和完善行为导向和责任传导体系。在班组建设中,重点加强班组长的选用、考核、激励和培训,力求打造一支素质过硬的班组长队伍。同时对新分配来的大、中专毕业生到班组挂职,可提高班组的现场管理水平。班组长随时掌握和分析员工队伍的思想动态,做到抓苗头、抓源头、抓教育、勤吹风,为企业的安全生产创造一个高效、文明的环境。

c. 抓基本素质。把员工安全培训作为企业发展的重头戏来抓,根据实际工作需要,按岗位、分层次制订研究培训规划,拟定学习内容和要求,使不同岗位、不同层次人员按照各自所需吃上"小灶"补充营养。倡导职工"精一门、会两门、学三门",争当"一专多能"型人才,将学历教育、岗位教育统筹规划，突出抓好员工专业技能培训工作。通过落实职工培训教育与个人工资挂钩制度，激发职工的学习积极性。大力开展"岗位练绝活、名师带高徒"活动。坚持新员工入职必须签订师徒合同，鼓励一个徒弟拜多工种师傅，用协议书明确双方责任目标，要求限时完成培训内容，师徒合同期满后，根据理论和技能考核结果，对师徒进行同奖同罚；在机电维修、设备操作等关键技术工种、岗位开展技术大练兵活动，将培训和技能考核与上岗、转岗、待岗、职务聘用、职称评聘、工资奖励紧密挂钩，使培训真正成为职工成长的自身需求。

总之，班组的安全生产工作注入文化元素，是班组员工安全知识的升华，也为班组安全生产奠定了坚实的基础。文化能丰富人的精神世界，人创造了文化，文化也在塑造着人。安全文化也能够丰富人的精神世界，积极参加健康有益的文化活动，不断丰富自身的精神世界，是培养健全人格的重要途径。因此，班组安全生产必须注入文化元素。

40. 创新是班组安全文化建设的灵魂

"创新是一个民族进步的灵魂，是一个国家兴旺发达的不竭动力"。同样，创新也是企业班组安全文化建设工作的灵魂。作为班组安全文化建设的大军——班组全体成员，要做好新时期班组安全文化建设工作，必须敢于创新，善于创新，推动班组安全生产不断创特色、求突破、上水平。

(1) 观念创新

观念创新，是指超越班组安全文化建设中已经形成的思维定式和一些陈旧观念，建立起适应"安全发展"的全新的班组安全文化建设理念和思维方式。思想是行动的先导。要实行班组安全文化建设的创新，必须首先实行观念创新。安全发展是开放的发展，这就要求班组安全文化建设必须打破封闭式状态，确立公开、公正的新观念。过去有些班组安全文化建设工作被人为地神秘化了，透明度较低，听取员工意见较少，民主性不够，因而造成一些安全文化活动的弊端，使得极少数素质差、能力低的人没有受到安全文化的熏陶，导致了事故多发。因此，必须确立以无事故为依据、以安全生产需要为取向开展安全文化建设的新观念。

(2) 技术创新

技术创新，就是广泛应用现代科学技术，建立全新的班组安全文化建设工作评价体系，使班组安全文化建设工作手段得到升级换代。平时的班组安全文化活动，其结论往往雷同，甚至千人一面，缺少个性。出现这种现象，主要是因为现在的班组安全文化建设方法单调、重复，没有能建立起科学的评价体系。解决这一问题，可以运用现代科学技术，包括数学、安全心理学、安全行为科学，电子计算机等技术、手段，广泛剖析个体事例，从中探索建立一套定量、定性并重的新的班组安全文化建设评价体系。例如，对班组长的考核评价要从班组实际出发，以安全生产实绩为主要参数；要从德、能、勤、绩等方面综合衡量。在对个体考核评价的基础上，对整个班组的安全文化建设情况进行考评，从中了解班组安全文化建设活动的内容、过程、实绩。

(3) 形式创新

形式创新，是指对班组安全文化建设方式、方法的更新，使之更加灵活多样。形式是为内容服务的，一定的内容必须通过相应的形式表现。过去我们在班组安全文化建设工程中分析问题往往习惯于非此即彼。其实，即使同一内容也完全可以通过不同的形式加以表现。比如，过去的班组安全文化建设一般都是搞一些安全演讲、事故分析、安全研讨、安全文化作品。但随着安全发展理念的逐步深入，安全与资源、环境同时发展，举办组织间互相交流观摩、班组长互相蹲点、班组之间安全文化竞赛等建设活动均可适用。

(4) 制度创新

制度创新，就是通过研究新情况，解决新问题，探索新时期班组安全文化建设工作规律，形成一套指导班组安全文化建设工作健康开展的规范。加强班组安全文化建设制度创新，必须注重"五性"：一是解决制度不尽完善的问题，使制度具有完整性；二是解决制度原则化的问题，使制度具有可操作性；三是解决有章不循的问题，使制度的执行具有原则性；四是解决监督制度不健全的问题，使制度具有有效性；五是解决制度类别不清的问题，使制度具有层次性。

41. 班组安全文化与员工伦理道德

安全文化是一个伴随人类社会出现以来就已是客观存在的事物，并随着人类社会的发展而发展。但人们开始认真地对待它、研究它，却是在人类社会生产力发展到相当高度，发展到发达经济迫切要求它来为其服务的时候。十分明显，安全文化的关注点是社会整体的安全素质，也即人和单位最基础的安全素质，以及由这些素质所决定的，人和单位对安全所抱有的态度和所产生的行为，并探讨他们的内在联系和规律，由此达到提高全员安全意识，从根本上遏制事故的目的。

班组安全文化，是企业最基础的安全素质，是班组成员对安全生产所抱的态度和所产生的行为。要建设班组安全文化，就要着重研究班组成员的安全态度和行为，这样，就驱使班组去探讨支配成员态度和行为的准则以及建立相互关系时所应遵循的一些普遍的道理。也就是说，必须研究班组安全文化中伦理道德方面的问题。

培养班组员工做有理想、有道德、有文化、有纪律的"四有"新人，是班组安全文化建设的重要内容。如果这项工作做好了，那么，长期威胁安全生产的"三违"现象就可大幅度减少。值得注意的是，有些企业班组已经出现了用伦理道德观念改善安全生产环境，提高员工安全素质的事例。如悬挂的安全标语就有"遵章光荣，违章可耻""违章指挥等于杀人""违章蛮干等于自杀"等，就是用道德观念来规范员工安全态度和行为的范例。企业每个班组都应很好地总结，并不断探索出更多的伦理教育新形式，培养浓厚的班组安全文化氛围。

42. 安全宣誓：做安全生产的守护者

"今天我是安全员，我宣誓，牢记安全职责，严守安全操作规程，杜绝三违……"这是某分厂运行四班正在进行的班前会安全宣誓。自分厂开展"安全宣誓"活动以来，每位员工都能自觉铭记安全生产的誓言，并时刻提醒员工注意安全，有效提高了员工的安全意识，让安全理念、安全誓词入口入心，有效增强了员工的责任感和使命感，也使得班前会更加丰富多彩且有深度。这种安全宣誓的做法既是安全管理的新手段，也是安全文化的新发展。

安全宣誓是某企业安全管理的一种新形式，为提高员工安全意识、安全责任意识，该企业要求全体人员做好安全宣誓工作，把安全宣誓这一活动落到实处，因此安全宣誓工作成为班前会的一个重要环节。班组作为企业的细胞，是企业最基层的组织，企业的安全管理工作，最终要通过班组得到落实，企业安全管理的成败，都离不开班组的穿针引线、辛勤劳动，因此，搞好班组安全宣誓工作，具有重要的意义。

班组安全宣誓一是可以夯实班组的安全工作基础，二是可以强化员工在上班期间的安全意识和自我保护能力，同时要求班组人员在工作过程中严格遵守本岗位的各项安全规章制度，使班组人员形成强烈的自我保护意识。

为切实落实该项工作，企业要求班组成员结合本班组安全文化、岗位特点自行编写安全誓词，并将本班组不同时期的危险源、安全注意事项等融入誓词中。并由班组成员轮流带领工友们进行宣誓，以此确保安全宣誓工作能够落到实处，不走过场，不弄虚作假。

安全宣誓，不仅能够将企业安全文化理念根植于员工内心深处，更使员工将安全生产中的危险源熟记于心，让员工彻底远离事故，走进安全，做一名安全守护者。

第三章
班组安全文化建设管理方法

本章导读

本章介绍的是班组安全文化建设管理方法,用了25个方法说明班组安全文化建设中如何去管理、去实践、去利用安全文化建设的契机促进班组安全生产工作。

班组安全文化建设的管理层面,反映到生产现场就是安全管理的出发点和落脚点,也是保持安全的主要因素,而现场安全管理工作的要点则在于做好相关系列准备工作。因此,必须提前做好准备工作,加强现场管理,搞好环境建设,规范岗位作业标准化,预防"人""物"的不安全因素,确保生产顺畅。第一,培养员工专业能力,提高防患意识。控制人的不安全行为,要求班组人员必须按规程和正确方法使用设备;及时发现、处理异常或危险状态;及时巡视检查;正确使用防护用品,熟悉避险方法;准确、及时、全面地提供生产过程中的各种信息资料,不弄虚作假,不隐瞒真相;服从指挥,忠于职守。第二,加强基层管理素质,控制"物"的不安全状态。设备都有寿命,任何设备的故障都有其规律性。因此,班组管理人员要努力掌握故障规律,并要全面掌握设备仪器的使用、点检、保养方法,提高自身综合素质,确保"物"的一切不安全状态都在掌控之中。这些就体现在班组安全文化的管理方法之中。

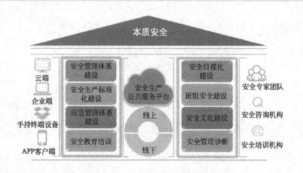

43. 宣传与科普是班组安全文化建设的重要手段

(1) 班组怎样实现安全宣传

宣传包括在广义的教育之中，宣传的目的在于教育。就安全宣传而言，直接的作用在于使人保持对安全的关心。班组的安全宣传首先要争取企业决策层对安全生产问题的重视和兴趣，得到企业各级管理者的关心和支持，并由他们亲自主持开展宣传活动，增进普通员工对安全问题的理解和兴趣。如果班组安全生产活动仅靠少数安全专业人员忙碌，就容易使班组员工感到安全问题是专业人员的事，与己无关，在感性认识上把员工对安全的关心拒之门外，不利于形成班组安全文化氛围。

安全宣传的教育功能在于培养员工和管理人员对安全的积极态度。态度表现于行动，也是习惯的问题，并非知识与学问的问题。习惯问题具有非智力性，如果一个人有着良好的安全习惯，他即使不懂安全知识和操作技能，但他却可以主动地去学习。既有知识和技能，又有对安全的积极态度，并形成习惯，这是最有利于安全生产的。安全宣传的这些作用并不是所有决策者或安全管理人员都能认识得到的。因为，宣传尽管可以培养员工正确的操作习惯和工作态度，但它并不能改变不安全的客观条件本身的问题，要改变这一问题，仍需要实施工程与技术，所以宣传往往受到忽视；另外，即使宣传的作用使员工有了安全习惯，员工会在可能导致不安全的客观条件出现时要求停止作业，企业决策层又会因不能影响生产而要求继续作业，这时就会发生要安全还是要生产的矛盾。

(2) 科学普及与安全文化

科普教育在班组安全文化建设中，具有从根本上改变安全文化结构的作用，以提高安全文化的质量。在班组，要告诉员工的，不仅仅是专门的安全知识和技能，还要包括全部的设备性能、工艺流程、操作技术，这些均与安全有关，必须认真地学到手，烂熟于心，才能使自己成为一个具备相应安全素质、符合企业生产需要的员工。作为一名员工，不能说你不想受到伤害就合格了，因为这还停留在人对安全的本能要求状态，最多是具备了低一级的安全意识，只有掌握了正确的操作技能、有排除故障的能力时，才表明你具有了适合在工厂环境里进行作业的安全素质。班组安全文化建设的根本目的是提高员工的安全素质，安全素质的高低，综合反映出班组安全文化建设的质量。

（3）安全科普宣传怎样切合班组实际

长期以来，以职业学院毕业生占企业总人数的多少来衡量企业员工素质的高低，实际上企业的操作层文化程度相对偏低，在班组员工生产专业知识尚缺的情况下，普及安全科技知识就意味着安全宣传教育面临着双重任务。只有正视这一现状，才能切合班组实际开展工作。当然，不同企业班组有不同的情况，除了要正视这一现状外，还要特殊情况特殊对待，在满足企业生产所需专业知识的前提下，充分利用不同专业的知识结构，取长补短，形成一个知识全面的员工群体，这样就对安全生产有百利而无一害，也符合班组安全文化建设对技能和知识的全方位的需要。

在班组进行安全科普宣传，对于那些懂得企业生产特征的员工，主要是安全态度教育，使其时刻保持对安全的注意和关心；对于那些不懂生产特征的员工，着重在晓以利害、生动形象地灌输安全知识，提高他们对安全的兴趣，辅之以事故照片、电影、电视科教片等，促使他们头脑中固有的本能层次的安全意识转化为生产操作中的安全素质和习惯。

44. 用安全文化做好班组事故的预防和控制

在进行班组安全文化建设和班组安全管理的过程中，事故的预防尤为重要。事故的预防就是消除潜在的隐患，如不及时采取措施，必将导致事故发生。从宏观上看，事故隐患可分为自然因素和非自然因素。它是物质、环境、行为等诸多因素的函数，具体包括人、物、管理、环境等方面。

（1）人的因素

涉及操作工、管理人员等事故现场人员和其他有关人员。具体表现为：违章作业，违章指挥。作业人员贪图方便，不按规程操作；生产人员为赶进度，无视安全条件，凭主观意向工作，劳动纪律不合理，安全交底或安全措施不够。劳动保护意识差，保护措施不到位。作业现场不戴安全帽等防护用品。作业时注意力分散、酒后作业等。这里主要体现员工的安全文化素养，如果员工的安全文化素养高，就能自觉遵守安全操作规程，自觉接受纪律的约束，把自己的行为控制在制度的范围之内，这样就不会因为人的因素而导致事故发生。

(2) 物的因素

涉及原料、设备、工具等。具体表现为缺乏防护，危险部位无安全警示标志等；个人防护用品不符合要求；作业场地狭窄，杂乱无序；物品摆放整理不当；工艺过程不合理、不安全。其实，物的因素归根到底也能追溯到人的头上，因为设备、工具等都是由人来设计制造的，也是由人来安装、运行的，最终也是属于人的问题，说到底还是一个安全文化的问题。人的安全意识高，安全文化底蕴就深厚，在物的使用、操作、安装、运行过程中，就能依据安全人机工程的要求来确保物的安全，这样就能预防事故的发生。

(3) 管理因素

涉及各项安全管理制度和相关规定。安全教育不够，劳动者很少进行系统的安全知识学习、培训。操作人员不懂安全操作规程或经验不足，缺乏安全常识；重工程进度，轻安全防护，没有安全规程或安全规程不健全，预警系统不完善，缺乏事故防范措施及应对系统。对事故隐患整改不彻底；安全监督不力或检查不认真，对发生的问题不及时整改落实。安全管理说到底体现一个安全文化问题。掌握和运用安全文化去进行安全管理，是班组员工处处站在弘扬安全文化的角度去作业，那么事故就会得到有效的控制，预防事故的利器就是安全文化。

(4) 环境因素

工作环境中的不良因素也是引发事故的物质基础。自然环境的异常，是形成事故隐患的直接原因。环境造就事故发生的条件，在一个班组如果形成良好的安全文化环境，事故就会逐步减少，事故滋生的土壤和条件就会消失。这说到底也是一个安全文化的问题，在班组安全文化发扬光大，事故就会自然而然地减少。班组预防事故的对策见图3-1。

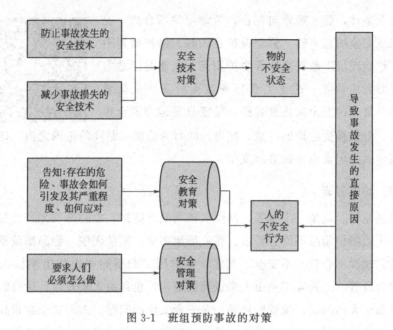

图 3-1　班组预防事故的对策

45. 班组安全文化建设的心理学思路

(1) 运用心理定式

人的心理活动具有定势规律，前面一个强烈的心理活动对于随后进行的心理活动的反应趋势有明显的影响。特别是对班组新员工的培训，要重视这个问题。企业提倡什么，反对什么，欣赏什么样的员工，员工应该具备什么样的思想、情感和作风，班组新员工都急于找到这些答案。通过培训，使他们在这些基本问题上形成有利于企业的心理定式，对其今后的行为可产生指导和制约作用。企业的改革和发展，相应地要更新和改造原有的企业文化，首先要打破已有的传统心理定式，建立新的心理定式，这将会遇到文化惯性的顽强抵抗。人的心理现象见图 3-2。

(2) 重视心理强化

强化是使某种心理品质变得更加牢固的手段。所谓强化是指通过对一种行

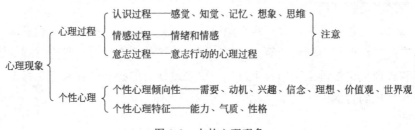

图 3-2 人的心理现象

为的肯定或否定（奖励或惩罚），从而使该行为得到重复或抑制的过程。使人的行为重复发生，称为正强化；反之，则为负强化。这种心理机制运用到班组安全文化建设上，就是要及时表扬或奖励有利于安全的思想和行为，使奖惩尽量成为班组安全文化的载体，使班组安全文化可见、可感。许多班组，在这方面积累了宝贵的经验。

(3) 利用从众心理

从众是在群体影响下放弃个人意愿而与大家保持一致的心理行为。从众的前提是实际存在的群体压力，它不同于行政压力，不具有直接的强制性或威胁性。一般来讲，重视社会评价和舆论的人，情绪敏感、顾虑重重的人，文化水平低的人，性情随和的人以及独立性差的人，从众心理比较强；反之则较弱。在班组安全文化建设中，班组长应利用员工的从众心理，采用一切舆论工具，促使员工在安全行为上符合规程要求。一旦这种行为一致的局面初步形成，对个别人就构成一种心理压力，进而与大多数成员一致起来。对于消极因素，则应采取抑制措施，严防消极从众行为的发生。

(4) 激发模仿心理

模仿指个人受到刺激后，按照与别人行为相似的方式行动的一种倾向，它是社会生活中一种常见的人际互动现象。不言而喻，利用模仿的心理机制有利于班组安全文化建设，而树立好的榜样可为模仿提供条件。班组的模仿人物，特别是班组长理应成为班组安全文化的人格化代表，班组成员对他们由钦佩、爱戴到模仿的过程，也就是对班组安全文化的认同和实践的过程。班组长应以身作则，以自己的模范言行倡导优秀的班组安全文化，同时应该大力表彰劳动模范、先进工作者、安全标兵、优秀共产党员，使他们的先进事迹及其所体现的班组安全文化深入人心，在班组内掀起学先进、赶先进、超先进的热潮，这是班组安全文化建设的重要途径。当然，树立标兵应实事求是。力戒拔高作假,否则将适得其反。

总之,应运用心理学思路建设班组安全文化,如安全教育和心理响应。教育是绕过实践而获得知识的简捷途径。同样,进行安全教育,是将已有的经验过程和教训范例告诉上岗的每个员工,以规范他们的操作规程和行为标准,达到安全生产的目的。

46. 班组安全工作检查的特性

(1) 重视计划性

根据班组全年安全工作目标和生产任务,提前制订出全年的安全检查计划,有目地进行安全检查,确保安全检查在规范的基础上进行,这是搞好班组安全检查的基础。

安全检查有许多,但最接地气的安全检查就是操作作业前、中、后的班组安全检查。因为作业人员在最前沿,也最危险,我们有责任保证他们不因安全知识匮乏而发生危险,作为作业管理者,最基础的检查是必须要做好的。

(2) 提高其时效性

安全检查的组织者,必须对安全检查的时间、参加的人员、检查的方法和手段、检查的内容以及所要达到的目的进行充分考虑、统筹安排,做到心中有数。一般来说,主要进行如下的检查。

a. 作业前检查重点。

•查看班前安全生产会开了没有。查安排、看记录、了解未参加人员的主要原因。

•每周一次的安全活动坚持了没有。要有安全技术交底卡。

•安全网点活动开展得怎样。要有安排、有分工、有内容、有检查、有记录、有小结。

•岗位安全生产责任制是否落实。要知道责任制的主要内容,明确相互之间的配合关系，没有失职现象。

•本工种安全技术操作规程掌握如何。人人熟悉本工种安全技术操作规程，理解内容实质。

•作业环境和作业位置是否清楚，并符合安全要求。人人知道作业环境和作业地点，知道安全注意事项，环境和地点整洁，符合文明施工要求。

•机具、设备准备得如何。机具设备齐全可靠，摆放合理，使用方便，安全装置符合要求。

•个人防护用品是否穿戴好。个人防护用品齐全、可靠、符合要求。

•安全设施是否可靠。进行自检，没有发现任何隐患，或有个别隐患及时处理。

•有无其他特殊问题。参加作业人员身体、情绪正常，没有发现穿高跟鞋、拖鞋等现象。

b. 作业中检查重点。

•有无违反安全纪律现象。密切配合，不互相出难题；不能只顾自己，不顾别人，不互相打闹；不隐瞒隐患、强行作业；有问题及时汇报等。

•有无违章指挥现象。违章指挥出自何处何人，是执行了还是抵制了，抵制后又是怎样解决的等。

•有无不懂、不会操作现象。查清作业人员和作业内容。

•有无违章作业现象。不乱摸乱动机具、设备；不乱触乱碰电气开关；不乱挪乱拿消防器材；不在易燃易爆物品附近吸烟；不乱丢抛料具和物件；不准任意脱去个人防护用品；不私自拆除防护设施；不图省事而省略动作等。

•有无故意违反技术操作的现象。查清作业人员和作业内容。

•查作业人员的特异反应。对作业内容有无不适应的现象，作业人员身体、精神状态是否失常，是怎样处理的。

c. 作业后检查重点。

•清扫工作做得怎样。作业场地清扫干净，秩序井然，无零散物件，道路、路口畅通，照明良好，库上锁，门关严。

•料具和设备是否整顿。归位还原，保持整洁，如放置在现场，要加强保护。

•材料、物资是否整理。整理有用品，清除无用品，堆放整齐。

•其他问题解决得如何。如下班后人数是否清点，事故处理情况怎样，本班作业的主要问题是否报告和反映了等。

(3) 追求科学性

班组安全检查的内容要全面,要把制度落实作为重点,尤其是各类人员安全生产责任制的落实,各项安全生产制度的落实。同时对员工思想动态、安全培训、教育等也要检查,切记安全检查不只是现场隐患的查处,要明白思想上的隐患比现场隐患更可怕,要从制度上、思想上、技术上、设备设施上进行全方位、全过程检查,不留死角。

(4) 实现灵活性

班组安全检查的形式多种多样,不论采用哪种形式,都必须保证安全检查的实际效果,要改变以往的固定模式,实现安全检查方式、方法灵活、多样性,是搞好安全检查的关键。如通过班组间的交叉检查,可以达到互相学习、共同提高的目的。通过突击检查,可以及时了解基层班组安全管理的实际状况,做到心中有数、有的放矢。通过专项检查,达到突出安全检查重点、实施专项治理等。

47. 班组安全工作必须重视的"四种能力"

(1) 认错能力:要做到认错以避错

在班组安全工作中谁也难免犯错误,问题是并非人人都能认错。有的员工错了也不认账,并且将错就错。其实认错并不等于丢面子、被否定、影响威望和形象。只要不是屡错屡犯、难当其任,还是要有勇气认错的。认错是一种胸怀宽阔的体现,对自己的错误敢于承认、承受和承担的员工,气量一定很大,胸怀一定很宽,眼光一定很远。"人非圣贤,孰能无过",认错是对安全事业负责任的表现。认错改错以避错,素质将会有极大提升。认错的过程是深刻思考和总结的过程,从教训中吸取的将是精华,会使人成熟完善、少犯或不犯错误。认错是一种凝聚力的需要。认错实际上是在承担责任,保护同事和工友,员工缺乏认错的能力,就会把错误强加于人,久而久之,人人自危,必然会产生离心力。如果敢于认错,工友就会信任你,因为你坦诚透明,因为你能推功揽过,会经常提出合理的建议,因为是负责的态度。

(2) 放弃能力：要做到有所为有所不为

在班组安全工作中，员工要具有综合能力和才干，什么都要懂一些，什么都要能摆布开，但这并不意味着什么都要操心，什么都要亲自操作。俗话说，要有所为有所不为。其实，这就是一种放弃能力，该拿的拿起，该放的放下。一方面要有放弃意识。任何人的能量都是有限的，人的大脑是一种有既定容量的生理结构，不可能储存无限多的信息。"满则溢"是大脑的活动规律，要存入新的对你来说重要的东西，就要常"清盘"。如果大脑成为"收容站"，你就不会对新问题感兴趣，不会对重大问题很敏感。因此，为合理调配精力，必须学会放弃。另一方面要有放弃的原则。不能弃用留废，要弃之应弃、留之应留。一般来讲，对于影响大局的事情、分工负责的主要工作等，万万不能放弃；不碍大局、不妨大体、不生大乱的事情则可视情况放弃。

(3) 调适能力：要做到以变适变

"适者生存"是自然法则，这不是消极的理念。班组安全工作经常面对的是变化中的变化、不变中的变化、变化中的不变。这就要求员工具备普通人不具备的自我调适能力。首先，环境改变要适变。比如工作变化、地域变化等，遇此要尽快进入境况、适应环境，包括新的环境、新的情况、新的氛围和条件，不同的情形要求处变不乱、应变有余。其次，职务进退要适变。进固可喜，但应低调、谨慎；退虽很少，但随着机构调整和人员变动，退应是可能遇到的问题，退要不馁。再次，困境和忧虑面前要适变。无论是什么人都逃脱不了困难、危机生发的烦恼，班组安全工作在这方面的压力可能会更大。对此，能解决的解决，解决不了的自我解脱，目的就是尽快摆脱干扰，解除心理负担，保持一个良好的心态。

(4) "做小"能力：要做到不以"事小"而不为

"做大"已经成为时下流行的思维和行动方式。其实在班组安全工作中，从成功的规律看，"做小"亦是员工应当培养的必备能力。从小处着眼才有大机会。在日常工作和生活中，难有惊天动地的大事给人以大机会、成大事业，因此，就要寻找小机会，养成"做小"的习惯，集腋成裘。小事、小问题、小场合、小单位，不一而足，做好了，可能是前途无量的事业，坚持到底也许就成了大作为。

总之，在班组安全文化建设中，需要有能力的员工，但是，具备认错能力、放弃能力、调适能力和"做小"能力的员工更是班组安全文化建设的所需。

48. 把握安全工作的细节

（1）细节不细

细节是小事情，但可以演变为大问题，所以我们讲细节不细。关于这个论断，常常见诸报端，并称为某某理论。有一个理论叫涟漪原理，说的是一块小石子投到池塘中，产生的波浪会一圈连着一圈地向外扩大，直至遇到塘岸为止。它告诉我们，细节出了问题，会蔓延到其他部位，就像癌症细胞扩散一样，会演变成整体的问题。还有一个故事，说两军交火，情况危急，派快马告急，由于马蹄的钉子丢了一个，导致马失前蹄，情报迟到，结果贻误了战机，全军覆没。以上这些观点，不仅简述了细节运行和放大的不同机制，而且强调了它的严重后果，说明了细节起于"蚁穴"而毁大堤的道理，此乃细节不细。

先做什么　后做什么　注意什么　如何衔接

（2）细节之细

在班组安全工作的领导中，班组长会把某些环节确定为细节，但这种确定是相对的，换言之，细节是具体的细节。一种是保持事物性质的细节，即这个事情虽然是细节的，但它能折射出全局来，保持着全局的基本性质。比如，班组一项安全工作目标可纵向层层分解到每个岗位，每个岗位都是细节，都有相似的工作要求。如果某一个岗位完不成任务，安全目标首先在量上不会达标，进而导致在质上难以合成，形不成总目标的质的要求。综上所述，细节有环节上的要求，一环扣一环；细节有层次上的要求，下游的细节服从上游的细节；细节还有横截面的割裂和合成。

(3) 关于细节的领导艺术

根据细节的特点，在运用中要把握四点。一是以小见大的领导艺术。二是分解细节的艺术。三是细节衔接的艺术。四是见物见人的艺术。所以，在处理细节问题时，更应该强调人的因素第一，见物更要见人。

49. 班组安全工作应方圆兼顾

(1) 开局：先圆后方

班组长走马上任，面对陌生的人际关系和工作环境，如果"新官上任三把火"，一开始就采取强硬的手段，可能会导致误解和对立情绪，影响安全工作的顺利开展。因此，在班组长安全工作的开局阶段，最好运用先圆后方的领导艺术，对周围的人热情、真诚，表现出一定的亲和力。这样容易拉近与员工的距离，员工认为你值得信赖，就会对你产

生好感，从而不由自主地向你敞开心扉，你也就能很快掌握班组的真实情况，便于有针对性地开展安全生产工作。度过了情感沟通和调查研究圆的阶段，摸清了班组的真实情况，安全工作就可以进入方的阶段，也就是说，是在继承和模仿中融入己见，在容忍中纠错，要以开拓进取的精神兴利除弊，形成自己独特的领导风格。

(2) 决策：上方下圆

上方下圆中的方是指在执行上级的安全生产政策法规方面要不折不扣，顾大局、识大体、讲原则；圆则并非指圆滑和随意变通，而是指要"吃透上面的，摸清下面的"，根据班组自身情况，创造性地开展工作。上方下圆的核心

是方中有圆，即圆再大，也不能超出方的范围。

(3) 用人：大方小圆

大方，就是说班组长在班组选拔人才时要公正公平，一视同仁，不能搞远近亲疏，对人才制度要严格遵守，坚持原则，要让人才的推荐、选拔、任用等一切程序在制度的框架下运行，不能利用班组长的特权搞变通执行。之所以还要提出用人中的小圆，那是因为有很多员工也许不完全符合制定的人才标准，有的甚至还有明显的缺陷，但同时，他们的特长也很突出。对这部分人要本着"不拘小节，用其所长"的原则，而不能死抱着人才框框。班组长用人讲究大方小圆的艺术，就是要求班组长在整体和方向上坚持原则的同时，也要求同存异，在细节与局部上对人才宽宏大量，只有这样，才能让人才发挥出最大的作用。

(4) 管理：有方有圆

班组长在班组安全管理活动中，过于求方，就会使班组长感到压抑，而过于求圆，又会使班组长权威受到影响。正确的做法是运用好有方有圆的艺术。班组长要根据不同的情境、不同的人物，掌握好方圆的尺度。班组长应建立一个适当的权威界线，在没有达到界线的时候让员工有足够的自由度，这时应以圆为宜，而在达到或超过界线时，一定要采取果断的措施和严格的方式约束员工，让他知道，权威界线是不可逾越的，即应以方为主。同时，对方圆艺术的运用还需要根据班组长工作的性质和员工素质做出相应的调整，对能力强、素质高的员工，则以圆的管理方式为主；而对于能力弱、素质不高的员工，则应以方为主。但方圆不能截然分开，而应是方中有圆、圆中有方。另外，在处理矛盾事件时也应坚持有方有圆的艺术。如果一遇到矛盾，便采用强硬的措施，有时可能会进一步激化矛盾，而只用软的方法，有时又不能解决问题。因此，在班组安全生产中处理争端与矛盾，既要通情达理，又不能失之于宽。只有方圆兼顾，才能取得平衡，减少内部矛盾和内耗。

(5) 交往：内方外圆

班组长一般都掌握着一定的权力，所以班组长身边经常会聚集各种各样的人，这使得班组长通常会处在一种较为复杂的人际关系中，面临着很多诱惑，一不小心就可能掉进陷阱。此时，班组长如果能掌握好内方外圆的艺术，一切就会迎刃而解。内方外圆指的是班组长的内心一定要明辨是非、坚持原则，牢记权力并非自己私有之物。在面对不正之风的诱惑时,要有坐怀不乱的气度,并努力做到"非礼勿视,非礼勿听,非礼勿言,非礼勿动"。但在具体行动上要表现得比较随和,晓之以理,动之以情,不让对方感到尴尬和难堪。

50. 做一名文化型的班组长,推行班组安全道德理念

(1) 形成班组特有的安全价值观

文化型的班组长之所以对班组成员有较强的出于自然而非强迫的约束力,对班组成员有较大的凝聚作用,就是因为班组成员有共同的安全价值观,并由此形成彼此之间认同的安全工作作风、安全行为方式,使班组成员感情融洽、精神愉快地积极为班组安全生产目标的实现而努力。这也说明,文化型的班组长能够大大减轻班组安全管理的压力,能有效地解决班组成员之间的矛盾。

(2) 构建班组的安全道德情结

安全道德情结下的班组安全准则不仅仅是约束班组成员的条条框框,而是一种能将班组成员凝聚在一起的安全价值观和安全信念,安全奖惩也不仅仅是一种具体的物质呈现,而是班组成员对安全工作意义上的认识,对自己努力工作的结果进行评估的内在的安全道德力量,班组安全生产不再是一种"嘴上说说、墙上挂挂"的东西,而是一种班组全体成员追求的安全工作奋斗目标。

(3) 以班组长的权威作为班组安全活动的基础

权威对班组成员的影响力很大。班组长的权威高,在班组成员心目中会产生一种敬仰感,这种敬仰感具有一种特殊的凝聚力和感召作用,使班组成员信服、听从。相反,班组长的权威低,班组成员在心目中则会产生一种失信感,这种失信感有一种削弱班组长影响力的作用。班组长的权威在班组的安全生产中自然而然地产生了一种班组安全文化,这种班组安全文化对班组成员心理的影响是自然的、不可抗拒的,由它带来的安全行为动力也是自然的、积极的。班组长的权威取决于其自身的安全道德品质和安全知识素养。

总之,做一名文化型的班组长,形成班组特有的安全价值观,构建班组的

安全道德情结，以此作为班组安全活动的基础，就能使班组成员在共同的安全价值观的指导下，在共同的安全道德情结的影响下，树立班组长的安全工作权威，班组的安全文化建设就无往而不胜。

51. 加强班组安全文化建设的措施

在不断增强班组成员安全文化意识，抓好"日常教育、温情教育和警示教育"的同时，要在"一个目标、三个抓、三个建设"方面下功夫。

(1)"一个目标"

班组生产要贯彻落实"安全第一，预防为主，综合治理"的安全生产方针，在保障员工安全与健康的前提下组织生产劳动。班组安全生产要实行目标管理，逐步实现标准化、规范化、制度化。杜绝重大的人身伤亡、中毒、火灾、爆炸和设备事故等，向零事故目标进军。

(2)"三个抓"

a. 抓好日常教育，营造安全氛围。单位在每月、每季度要确保策划好安全活动的主题和目标，做好班组安全宣传教育工作。实施每周一题、每周一考、每周一案例、每天一考问、每季一评比的"五个一"班组安全活动，建立和完善以板报、标语、宣传栏等为主要渠道的舆论体系，建立班前室"全家福"和车间、站、队安全文化长廊，从而形成基层工作场所浓厚的安全文化氛围，使员工能够处处受到安全文化的熏陶。

b. 抓好温情教育，营造温馨环境。企业各级领导要带着感情抓安全，以亲情、友情、爱情唤起员工的安全责任感。首先要建立职工亲情卡。对班组每位员工的个性特点、兴趣爱好、家庭等基本情况记录在册，对特殊家庭、特殊时间、特殊人员做到心中有数。其次要关爱员工，经常组织工会开展"送温暖、表真情、保平安"等活动，使员工感受到大家庭的温暖，用亲情筑牢安全生产的第二道防线。

c. 抓好警示教育，做到警钟长鸣。组织相关部门把本企业或相关企业发生的每起事故的发生时间、地点、性质、原因等按照时间、类别分门别类编辑成资料，绘成漫画，在班前室等场所张贴和宣讲，以起到警示教育作用。同时，还要在作业现场、重点要害部位悬挂人性化的安全警示牌，使安全文化延伸到班组生产现场各个岗位，为消除不安全的思想和行为起到积极作用。

(3) "三个建设"

班组安全文化建设不是一劳永逸的事情，而是一个动态的过程，它受到员工的文化结构、素质的影响。因此，班组安全文化应从建设"精神安全文化、制度安全文化、管理安全文化"三方面下功夫，不断创新，丰富其内涵。

a. 建设班组精神安全文化。班组精神安全文化应着重培养班组职工"安全第一"的意识，逐步实现"要我安全"到"我要安全"以致"我会安全"的转变，使"安全重于泰山""安全是员工的最大福利"的理念深入人心。在班组精神文化建设中，班组长要因势利导，善于总结。以实际操作中的成功经验、失败教训、亲身感悟、点滴体会为素材，加强对员工安全知识、安全规章制度的教育，使员工思想上绷紧安全生产这根弦，牢固构筑班组安全生产思想防线。

b. 建设班组制度安全文化。俗话说，没有规矩不成方圆。良好的班组安全管理，离不开健全的班组安全管理制度。班组要建立严格的安全管理制度，以制度来细化安全工作。

c. 建设班组管理安全文化。安全文化源自安全管理，所以创新和发展必须建立在安全管理基础之上。从管理上来看，有些班组安全管理相对滞后，突出表现在：有的管理基本到位，但缺乏创新；有的管理自主能力差，不能适应安全工作；有的管理松懈，顾此失彼，到处亡羊补牢。能把安全管理上升到安全文化建设层次的更少。对此，必须要着力提高班组长的管理水平。

总之，企业安全文化的形成、教育与培训，是渗透、浸润、潜移默化、不断重复、循序渐进的过程。正如我们经常教育孩子饭前要洗手一样，时间长了就在儿童的头脑中形成了"不洗手不能吃饭"这样一种习惯，从而在吃饭前就习惯要先去洗手。同样，进行企业安全文化教育培训，就是要使员工在头脑中自觉形成安全生产的惯性思维与模式，使之成为人们潜意识中的行为规范，实现真正意义上的"我要安全"。

52. 班组安全文化建设标准

标准是由一个公认的机构制定和批准的文件。它对活动或活动的结果规定了规则、导则或特殊值，供人们共同和反复使用，以实现在预定领域内的最佳秩序和效果。在班组安全文化建设中，主要有以下标准。企业安全文化建设标准化内容见图 3-3。

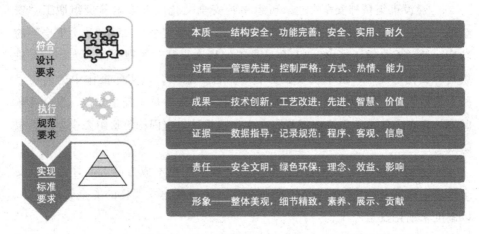

图 3-3 企业安全文化建设标准化内容

(1) 安全组织标准

a. 班组长是班组安全工作的第一责任人，对本班组的安全工作负全面责任。

b. 班组必须设一名兼职安全员，主要是协助班组长全面开展班组的安全管理工作。安全员不在时，班组长必须明确代管人员。班组长不在时，安全员有权安排班组有关人员处理与安全有关的工作。

c. 班组必须设一名兼职的群众安全监督员，其业务受车间工会的领导，主要职责是监督班组长、班组安全员是否按上级要求认真开展班组安全管理工作，是否遵章守纪，是否按"五同时"的要求开展安全生产工作。群众安全监督员发现班组安全管理存在的问题时，要及时通过各种有效方式逐级反馈。

d. 班组分散作业时，每项工作的负责人即为安全负责人。

（2）安全检查标准

a. 班组长要组织班组员工进行班前、班中和交班检查。

b. 班前检查可结合交班检查进行，对机器设备、安全设施、安全装置、工器具、危险源点、现场环境、人员精神状态、防护用品穿戴等进行检查和交接，有问题要交接清楚并记录好。

c. 班中要对设备动态、危险源点、人员状况等进行检查，重点是安全装置完好情况及设备是否有不正常现象。

d. 班组所管辖区域应根据具体情况，本着事事有人管，人人有事管和便于工作的原则，划分责任到每个人，充分发挥集体的力量。

e. 各岗位在班前要对所管区域、所用设备、使用工具等进行检查确认，包机（车）人要对所包设备进行重点检查确认。

f. 长期闲置不用的设备，使用前应全面检查，经检查确认合格后方可使用。

g. 班组长或安全员要认真检查各岗位执行安全规章制度，检查各岗位查出的问题的整改情况及上报、记录情况，以及不能及时整改是否采取有效的临时安全防护措施。

（3）安全生产标准

a. 班组的机器设备、工具、车辆及工作现场等必须做到无隐患，安全防护装置、设施齐全可靠，严禁设备带病作业。

b. 上岗前必须按规定穿戴好劳动防护用品，杜绝疲劳作业。

c. 班组内每项操作、每个员工都认真执行岗位作业标准和各项安全规章制度，无"三违"现象。

d. 特种作业人员从事相关操作，必须持证上岗，不得安排无证人员从事特种作业。

e. 班组要严格执行事故"四不放过""安全确认"、隐患整改"三定三不准"以及交接班等各项制度。

f. 新上岗职工（含换新工种人员）必须明确专人监护，负责其安全工作，在监护期间不得独立操作，安全监护期不少于 1 个月。

g. 凡有危险源点的班组，必须在危险源点设醒目的警示标志，每个员工对本岗位的危险源点及控制措施和应急预案达到熟知会用。

(4) 安全活动标准

a. 班组每周必须固定一天为安全活动日,开展安全活动。

b. 班组开展安全活动前,班组长要提前通知工段安全领导小组承包本班组人员参加活动。

c. 每次安全活动要做到:

· 内容丰富。总结上周安全工作,并对班组各岗位进行安全讲评,研究布置下周安全工作;学习作业标准,学习规章制度、开展危险预知活动、检查隐患、分析学习事故案例,学习安全周报、总结安全工作和经验,开展安全教育和考试内容。

· 人员齐全。参加活动人员必须发言,缺席人员要由班组长及时补课,对无故不参加活动的人员要严格考核。

· 时间充足。每次活动时间不少于30分钟。

· 记录翔实。应记录活动时间、参加人员(缺席人员)、主持人、活动主题内容、个人发言等。

总之,标准对班组安全工作极为重要,标准化有利于稳定和提高产品、工程和服务的质量,促进企业走质量效益型发展道路,增强企业素质,提高企业竞争力;保护人体健康,保障人身和财产安全,保护人类生态环境,合理利用资源;维护消费者权益。技术标准是衡量产品质量的主要依据,它不仅对产品性能做出具体的规定,而且还对产品的规格、检验方法及包装、储运条件等相应地做出明确规定。严格地按标准进行生产,按标准进行检验、包装、运输和储存,产品质量就能得到保证。标准的水平标志着产品质量水平,没有高水平的标准,就没有高质量的产品。因此,标准是班组安全文化建设的重要指标。

53. 班组安全文化建设中的安全竞赛活动

(1) 内涵定义

企业班组、岗位开展以现场隐患排查、安全技能大比拼、安全知识竞赛等为主要内容的安全竞赛活动。

(2) 内容要求

经常开展安全竞赛活动是企业促进班组安全工作良性循环的有效手段。安全竞赛活动可采取多种形式,可以是车间范围内的班组竞赛,可以是班组范围内的个人竞赛,也可以是不同班组同一岗位作业人员的竞赛。竞赛的内容主要包括以下几个方面。

a. 班组安全建设软件、硬件的评比。安全工作台账的展评、安全教育、安全活动的开展和安全制度的建立状况。

b. 现场隐患排查比拼。开展生产现场隐患排查和治理,以辨识出的有效隐患率和实际排查率为指标,进行结果评定。

c. 安全技能大比拼。主要以对本岗位安全操作和事故应急处置能力为主要内容,开展班内班外的安全技能比拼。

d. 安全知识竞赛。开展安全知识有奖问答等活动,现场问答、现场评比、现场领奖。

(3) 目的

开展各种安全竞赛活动,能够强化员工安全观念,提高班组事故预防能力,有助于班组营造和保持良好的安全作风和安全精神。

(4) 开展实施

a. 成立三个小组,一是由企业、车间领导和各班组长参加的竞赛活动领导小组;二是由各工会小组长参加的宣传小组;三是由安全部门组成的监督检查小组。由领导小组制定活动方案,确定竞赛的考核指标和考核办法。

b. 宣传设置专题板报,班组召开专题宣传发动会,使员工了解竞赛的具体要求。在此基础上,组织员工全面细致地学习竞赛方案、安全法规以及行业企业的各项安全规章制度、安全操作规程等。

c. 检查评比。查现场:加强对生产作业现场、重点隐患控制点、重点隐患控制人的监督检查力度,发现隐患立即制止,发现的隐患在每天的班后会上组织班组员工认真分析讨论,引以为戒。问员工:在活动期间,要定期对员工进行安全法规抽查,考核安全知识、作业规程、安全技能。看效果:对活动期间班组安全违章违规等情况进行监督记录,并查阅班组安全台账,检查班组安全教育和安全活动开展情况。定量评比:根据竞赛考核指标对各个班组进行评审,确定竞赛结果。

d. 表彰。对活动中表现优异的班组进行精神和物质上的表彰，并树立典型，进行宣传。

（5）关键要点

活动中要坚持三个落实到人：一是宣传发动到人；二是竞赛考核到人，对活动期间出现的各项违章违纪行为，将在每月的安全考核中加倍扣分，并纳入年度的绩效考核；三是考试检查到人，在竞赛活动期间，对生产作业安全知识、安全规程等方面授课，并进行理论考试。

总之，社会主义制度下充分发挥劳动者的积极性、主动性和首创精神，是进行经济建设的一个重要方法。开展社会主义劳动竞赛，可以增强广大劳动者的集体主义精神，创造和推广新的生产技术和操作方法，改善劳动组织，发挥劳动者的积极性和创造性，对于提高劳动生产率、提高经济效益，有巨大的推动作用。在班组安全文化建设中，开展劳动竞赛活动也能确保生产的安全和文化的升华。

54. 企业班组安全文化建设的实践

（1）班组安全文化建设的重要性

a. 班组是安全生产的基础。企业安全生产的最终归宿是员工，安全生产的目标是为了员工的生命安全和健康保障，而企业安全生产的实现最终要落实到现场单元作业，要依靠班组员工的安全作业和操作规范执行来实现。员工的安全素质决定着企业安全生产的命运，班组的安全生产状态决定着企业安全生产的效果，员工和班组是安全生产管理木桶理论的"最短板"。企业应该制定"夯实安全生产基础，注重班组安全建设，保障生产效益稳定发展"的安全文化建设战略目标，确立"依靠员工、面向岗位、重在班组、现场落实"的安全文化建设思路。班组安全文化是企业安全生产"三基"（基础、基层、基本功）的根本。

b. 班组是事故发生之源。事故的发生，影响着企业安全生产的顺利进行，安全生产的好坏是企业诸多工作的综合反映，安全工作是一项复杂的系统工程。在企业仅是领导有安全生产积极性和热情是不够的，只有部分员工有安全生产积极性和热情也是不行的，个别员工在个别工作环节上的缺陷和失误，就会破坏安全生产保障系统。由此可以说，班组是企业事故发生的根源，这种根源是通过班组员工的安全素质、岗位安全作业程序和现场的安全状态表现出来的。因此，安全文化建设的重心必须放在班组，功夫下在生产现场，措施落实在岗位和具体操作员工的每一个作业细节。通过班组安全文化建设，夯实安全生产基础，遏制事故发生的源头，这是企业安全生产保障的根本，也是落实安全生产监管重心下移的具体体现。

（2）方法与实践

近年来，我国很多行业、企业开展了安全文化建设，而很多企业的安全文化建设主要是针对公司或企业整体层面的，缺乏针对班组现场的。其实，班组安全文化建设对企业的安全生产更重要、更有意义。多年来，我们与许多企业合作开展了班组安全文化建设的探索与研究工作，主要有以下几个方面：一是实施"班组长素质工程"。二是推行班组自律参与。三是施行员工亲情参与。四是建立作业现场员工行为方式标准化。五是推进作业现场健康条件标准化工程。六是班前"三讲"活动。七是落实作业现场安全基准方案。八是开展班组安全文化系列活动。这些活动的开展，丰富了班组安全文化实践。

55. 营造班组安全文化氛围，加强现场安全管理

目前，企业全面推进班组建设工作，班组安全管理是班组建设中的重点内容。班组是企业的最基层组织，也是事故的多发地带。一般来说，绝大多数事故均是在班组发生的，因为企业的众多工作都是由班组来完成的，班组发生事故的概率也就增加了。因此，加强班组安全建设是企业加强安全生产管理的关键。

（1）班组长是班组的核心

班组长负责组织班组的全面工作，是班组安全生产的第一责任人，同时安全管理也是班组长的重要职责。"强将手下无弱兵"，班组长的素质决定了班组的管理水平，其一举一动，对全班组每一个人都产生直接影响。班组长除了自

己要懂安全外,还要带头认真执行安全规程,加强班组员工的执行;不仅要合理安排班组工作,还要担负班组安全的责任,积极宣传违章的危害和可能产生的后果,以及今后防范的办法;班组长要率先示范,深入现场察看分析生产中潜在的安全隐患或不安全因素,确定危险点,拿出具体可行的防范措施,遏制班组安全事故的发生。

(2) 班组安全管理重点在现场

作业前认真开展危险点分析与预控工作,对班组所承担的操作、作业任务中可能发生哪些伤害、引发哪些事故,如触电、高处坠落、机械伤害、火灾爆炸等,都要在作业前仔细预想,分别列出对策加以落实,做到防患于未然。

(3) 营造班组安全文化氛围

只有员工的安全文化素质达到了一定的水平,安全行为才会成为员工的自觉行为,各种事故才会减少或不发生,所以安全生产很大程度上依赖全体员工安全文化素质的提高。应在班组中开展"无违章"竞赛活动、"安全知识竞赛"等安全文化活动,有计划、有重点地开展"爱心活动"和"平安工程"等一系列活动,促进公司安全文化建设,营造浓郁的"关爱生命,关注安全"安全生产氛围,解决班组员工思想上的安全理念问题。营造班组安全文化氛围,还需要建立班组规范化管理体系,班组规范化管理体系提升工程见图3-4。

图 3-4 班组规范化管理体系提升工程

(4) 加大培训教育力度

努力提高基层班组生产人员的技术业务水平。特别是临时雇佣工和新员工，上岗前必须经过培训教育考试合格方能上岗。设备改造后，更要及时组织技术培训，以便让大家在最短的时间内掌握新设备的运行方式。平时的技术培训工作也要抓实抓好，不断地进行岗位练兵，按季节开展有针对性的反事故演习，提高应变能力和实践经验水平，提高一线工人紧急事故处理的技术技能，培养员工遇险不惊、沉着冷静的心态，提高员工自防、互防能力。掌握工作中存在的不安全因素，克服跟随作业、盲目作业，集中思想，重视日常安全管理，集中精力于安全生产的整个过程。

总之，营造良好的班组安全文化氛围，确立班组长为班组的核心，把安全管理重点放在现场，加大班组培训教育力度，这几条做好了，班组的安全文化氛围就浓郁起来了，生产现场则安稳而无危险。

56. 优化班组安全文化建设环境

班组是企业的细胞，班组员工是企业最基层的生产实践者。班组安全建设是企业安全生产管理工作的基础，班组的安全素质决定着企业的安全素质。只有做好班组的安全生产管理工作，才能从源头防止事故的发生。

(1) 认真抓好班组安全文化基础建设

要建立健全班组安全规章制度，严格用制度规范班组成员行为，建立以岗位安全责任制为主体的安全管理制度；要规范、细化安全生产规程、安全技术规程、安全操作规程，认真落实安全生产责任制。要分工明确，各司其职，在制度面前人人平等。班组安全文化建设途径见图3-5。

(2) 抓好班组安全文化教育和培训

安全工作只有起点，没有终点，要创造性地抓好经常性安全文化教育培训和集中性安全文化教育培训。通过教育和培训，增强班组成员的安全意识，增长安全知识，提高安全操作技能。岗位安全教育和培训要抓住重点，结合危险性分析，针对消除各种潜在的危险因素，着眼于提高班组成员的自我防护能力。安全培训要结合标准化工作，开展岗位技术练兵和防事故演习活动。加强安全生产制度的落实，把安全生产思想教育和安全心理学、安全技术训练结合起来，努力提高班组成员安全生产技能。

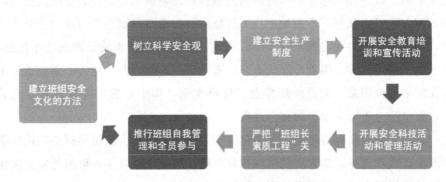

图 3-5　班组安全文化建设途径

(3) 积极开展丰富多彩的安全文化活动

班组安全活动方法各异、形式多样，都是为确保本班组成员安全知识更加丰富、安全技能不断提高，实现由"要我安全"到"我要安全"的转变，最终提高整体抵御风险的能力。班组安全活动应以"学、查、论、练"为主要内容。

a. 学。即围绕本班组、本岗位的生产和安全实际情况，学习安全规章制度、安全生产知识、岗位操作规程等。

b. 查。即发挥班组成员的主观能动性，让每一位员工查找现场和岗位存在的问题并制定解决问题的办法，对较大或存在共性的问题应制定切实可行的预防措施。

c. 论。即对前一阶段的安全生产情况进行总结，对每一道工序、每一个班组成员的安全情况进行充分评估，尤其要对个别员工的危险行为及时进行安全警示教育。

d. 练。充分发挥有实际操作经验的员工"传、帮、带"作用。通过先观摩别人操作增加感性认识，然后进行实际操作，再让其他员工进行现场观看，提出意见和建议，进而规范每一位员工的操作行为，让员工铭记操作过程只有规定动作，没有自选动作。

总之，班组安全建设是企业班组安全生产工作的基础，是企业安全生产工作能否实现本质安全的关键所在。只有通过班组安全建设,提高每一位员工的安全意识和安全技能,才能使安全生产成为一种自觉行为,逐步形成班组安全文化乃至企业安全文化,使企业生产在安全高效的良性状态下运行。

57. 头脑风暴法在班组管理中的运用

头脑风暴法又称智力激励法、自由思考法,是由美国创造学家 A.F. 奥斯本于 1939 年首次提出、1953 年正式发表的一种激发性思维的方法。

头脑风暴法,特别适合于团队使用。它能够通过流程化的步骤、启发式的氛围,互相激发团队成员的创新和创意思维,从而产生尽可能多的方案、思路或创意。

班组也是一个团队,要更好地汇聚团队的智慧,实现集思广益、群策群力,头脑风暴法就是一个理想的工具。

(1) 头脑风暴法的应用规则

a. 不许负面评价。在头脑风暴法实施过程中,小组成员不得对他人的发言、观点或思路,给出批评、质疑、嘲笑。因为创意是火,批评是冰。在创意思考过程中,给予负面批评,会浇灭大家的创意热情。不利于思维的创新,也不利于团队的彼此激发和强化。对于小组每个成员的发言、观点或思路,大家都应该给予更多的尊重、赞赏、鼓励和激励。

b. 鼓励异想天开。小组成员的任何发言、观点或思路,都是有价值的。在表达过程中,没有特定的思维框架、模式和条件的限制,并尽可能鼓励员工绞尽脑汁,想出更具创意和更新颖的思路或观点。

c. 鼓励借鉴延伸。小组成员的发言、观点或思路,不应该有一种专利、独占、垄断的想法。相反,应该鼓励每个成员,在他人发言和思路的启示下,采用借鉴、模范、延伸或综合的方式,得出新的思路或方案。

d. 数量多多益善。在头脑风暴法的实施过程中,小组应该设立富有挑战性的目标,比如 15~20 分钟之内,产生 30 个、40 个乃至 50 个创意。或者,也可以将团队分为两个小组,彼此竞争和 PK,产生更多数量的方案和思路。

在此过程中，不必纠结于思路或方案的细节和质量。

(2) 头脑风暴法的实施步骤

a. 独立思考。小组成员，建议 5～10 人，每人独立思考 2～3 分钟，不受他人干扰，想出自己的思路和观点。

b. 顺序发言。由小组的主持人引导，每人顺序发言，每人发布 1～2 条思路。不得独占发言时间，观点发表要简要，不做展开。但是不得发布重复观点。

c. 相互启发。在发言过程中，小组成员彼此启发，相互借鉴，产生新的观点、思路和方案。

d. 做好记录。在发言过程中，指定专人，或轮流记录大家的发言和观点。整个头脑风暴法的过程也不宜过长，否则容易疲劳，建议 15～20 分钟为宜。

(3) 在班组日常工作中的应用领域

a. 设计创新方案。班组的名片口号设计、文化活动方案、班组看板设计等，都可以采用头脑风暴法来进行方案和创意的多样化设计。

b. 安全风险分析。班组开展安全隐患识别、作业风险分析等工作中，可以采用头脑风暴法，以便更全面、系统、多角度地识别安全风险。

c. 问题案例分析。在问题案例的原因分析阶段，以及改善措施的讨论阶段，都可以采用头脑风暴法，从而进行更全面的原因分析，寻找更多的改善措施。

总之，在班组安全文化建设中，运用头脑风暴法能激励员工智力，它特别适合于班组成员的创新思维和创意思维，是实现班组安全文化建设中汇聚大家智慧，实现安全活动集思广益、文化创意群策群力的一种理想的工具。

58. 创建安全合格班组需安全文化支撑

创建"安全合格班组"活动开展起来后，其效果如何，关键是做好按标准条件严格考核验收这项工作。掌握考核验收的程序和内容，确保创建活动向广度和深度发展，也是班组安全文化建设的实践。

(1) 考核验收程序

a. 班组自查验收。在班组长的主持下，对照合格班组标准，逐项逐条进行自评。根据自评情况，进行整改，认为达到标准要求后，提出验收申请。申报验收是班组全体成员的自觉行动。班组申报验收需准备的材料有：班组自评结果和得分；各种台账、规章制度文本、记录、检查表、检测数据等材料；合格班组创建工作小结。申报材料要实事求是，不得编造。

b. 班组互评。在班组申报的基础上，车间（工段）应组织班组进行互查互评。班组之间彼此了解情况，通过互查互评，可以防止弄虚作假、浮夸不实。同时，还可以起到相互促进的作用。工段根据互评结果组织复评，然后申报车间或分厂验收。

c. 车间验收。车间考核验收时，一般应成立一个由班组、工段、车间（分厂）领导和有关人员组成的考评小组负责考评。考评小组根据申报材料、班组基础资料、安全效果、现场检查等综合情况，对照标准逐项打分。评分达到标准要求，即可上报申请验收。为保证验收质量，车间一般应在连续2～3个月验收考查合格后上报为宜。

d. 总体验收。企业领导要指定有关部门负责验收工作，组成专门验收组，对照标准条件,严格把关,逐个验收。

(2) 具体工作流程

一听,即听取申报单位关于开展创建安全合格班组和达标班组情况的介绍,听取其他班组或人员对申报班组的意见,从中核查有无不实之处。

二看,即审阅申报材料,查阅各种台账、记录、规章制度、合同等文字资料,并到生产作业现场、值班室、休息室等处实地查看,查看机器设备、防护装置、信号系统和设备的维护保养情况,查看作业现场文明卫生情况。

三查,即在听、看的基础上,用向班组成员提问或抽考的方法,进一步了解班组成员对安全规程和安全操作知识的掌握情况,以及操作的熟练程度,以了解班组成员的安全素质。

四评,即在充分掌握申报班组各方面情况后,综合分析,根据标准条件逐项评定打分,以总分达到标准要求以上为合格,同时将申报材料和验收评价意见附后,报企业统一审核批准,发给合格证。

合格班组的验收,各单位应根据本单位具体情况而定,不必拘于一种模式,但必须坚持从实际出发,严格把关。

(3) 巩固与提高

安全合格班组从创建到验收达标只是一段时间内的工作,而巩固、保持合格班组则是一个长期的工作,也是创建活动的最终目标。企业领导以及安全合格班组成员都必须清楚地认识到这一点,如果认为验收合格后就可以一劳永逸,班组安全工作则有可能很快滑坡,这就失去了创建安全合格班组的意义。因此,企业领导和有关部门要重视达标班组的巩固工作,企业、车间领导应建立班组安全联系点,经常深入班组,不断以标准要求进行认真监督检查。可将创建活动与经济责任制及奖惩制度挂钩,在给予荣誉的同时,相应地给予物质奖励,激励班组成员不断努力,保持合格班组并争取达到更高的要求。对存在问题而不进行整改,复查达不到标准要求的班组,则应取消合格班组称号,给予经济处罚。

总之,为巩固取得的成绩,班组在达标以后要坚持把检查达标情况作为每周进行的安全日活动的一项主要内容,认真检查,找出问题,绝不松懈,使合格班组逐步向标准化管理、标准化作业的更高阶段迈进,也为班组安全文化建设打下坚实的基础。

59. 班组安全文化建设的基本原则

建设班组安全文化，必须掌握其基本的原则，这样，班组安全文化建设才能有序开展，才能取得成效。

（1）坚持以人为本的方针

以人为本的直接解释是以人为"根本"。严格意义上说，以人为本是人力资源管理的范畴，建立健全人力资源管理机制才能真正做到以人为本。这好比培养人一样。十年树木，百年树人。说到底，班组是培养人、锻炼人的地方。一切工作的出发点或归宿点，都离不开生命安全。班组处于企业生产的前沿阵地，有的面临生死的考验。以化工为例，员工面临着高温、高压、低温、负压、易燃、易爆、有毒、窒息等的考验，既要做到安全生产，又不发生事故，班组员工的所有行为，必须遵循生命第一。班组所制定的管理制度，都要坚持以人为本。

（2）坚持实事求是的原则

所谓实事求是，就是从实际情况出发，有的放矢，把企业班组打造成特别能战斗的队伍。我们制定班组建设规划、目标和方向，都不能脱离企业实际。企业班组安全文化建设，实际是人力资源管理，是一门科学。科学来不得半点虚假，坚持实事求是，不搞花架子，不搞形式主义，不好大喜功，不能望风扑影，应实打实，搞出成效来。

（3）结合实际，循序渐进

一口吃不了一个胖子，一锹挖不了一眼井。一个优秀班组的培养不是一日之功，需要一定时间，有个循序渐进的过程。

（4）突出重点，力求实效

班组到底存在那些问题，是技术问题，还是作风问题，绝不能胡子眉毛一把抓。比如某个班组作业，由于员工技术水平低，生产出的产品质量差，时常发生事故。这家企业应把技术培训作为重中之重，开展大练兵活动，人人比技术，钻业务，练本领。有人说，啥叫班组安全文化建设？通俗地讲，就是如何培养教育职工，提高安全素质、技术素质、文化素质。所以说，班组建设既要有长期目标，也要结合实际做出短期计划。班组年度安全文化建设任务分解见图3-6。

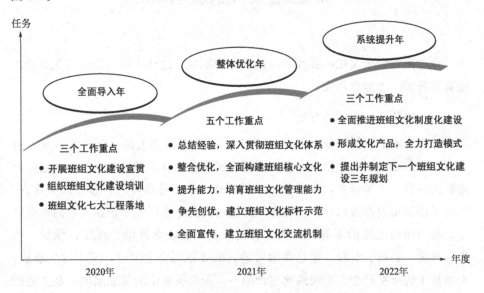

图3-6　班组年度安全文化建设任务分解

总之，班组安全文化建设必须有原则，只要坚持正确的原则，就能使班组安全文化有序开展。

60. 开展安全活动，夯实班组安全文化

班组作为企业的细胞，更应该把好安全生产第一关。班组安全活动是班组安全管理工作中的一项重要内容，它不仅可以使员工随时了解和学习上级有关安全生产的指示精神，而且能使员工养成遵章守纪的良好习惯，不断提高员工安全生产的自觉性和自我保护意识。为提高班组安全活动质量，使班组成员在班组安全活动中真正能学到安全知识、吸取教训、总结经验，有以下几种方法。

(1) 提高对班组安全活动的认识

班组长是班组安全生产第一责任人,理应明确"磨刀和砍柴"的关系,在实际工作中应认识到"磨刀"重要性,坚持开展好每周一次的班组安全活动,彻底消除思想上的无所谓态度。班组安全活动在企业的安全生产管理中虽然是一项比较基础的工作,但这并不是我们忽视其重要性的借口。不少员工在安全活动中明显存在无所谓思想,对活动内容漠不关心,以至于可能是昨天刚学习过的事故通报,今天就会发生同样性质的人为误操作事故。

(2) 不断改变安全活动的形式

目前,班组的安全活动形式单一,一般是班组长或副班组长念文件资料、制度,下面的人以听为主,场面较冷清。建议结合各阶段特点及生产实际,灵活改变安全活动形式,如可以采用现场会、座谈会、演讲、反事故演习、安全知识竞赛、安全技术培训等,使班组的所有成员感到安全活动的生动、活泼,且针对性较强,容易学以致用,从而提高员工的安全生产积极性。尽量杜绝班组长"一言堂"现象,鼓励班组成员参与分析、讨论事故隐患或近期的事故案例,调动员工参与安全活动的积极性和主动性,又能让员工受到启发和教育,同时还创造了一种民主、活泼、文明的氛围,让班组安全活动真正取得实效。

(3) 提高班组安全活动针对性

班组安全活动缺乏针对性,这是班组的通病。在每次安全活动前,班组长应针对当前大范围的安全形势和本班组的具体实际情况,以及一些较普遍的重点、难点问题,选择一到两个可操作性强的课题进行学习和讨论。所谓"重点",即上级安全生产方针、目标在本班组落实的关键点,创建安全合格班组需要做的主要工作和有关反事故措施等;所谓"难点",即长期制约班组安全生产或影响班组系统安全的主要问题。这类问题是班组安全活动需讨论和解决的主要方向。为确保整个生产系统长期、平稳地安全运行,积极发动班组成员进行事故预想,以实现超前管理,进而创建高质量的安全合格班组,无疑应是班组安全活动的课题来源之一。所以说,班组长必须事前考虑好;学习有关安全管理标准,要做到有计划、有重点安排;学习事故通报,要让每个成员参与讨论、分析,总结经验教训时要结合实际。

(4) 丰富安全活动学习内容

目前班组的安全活动内容较贫乏,一般多限于公司下发的规章制度等。其实作为班组长,在每次安全活动时,应联系本班的生产实际及存在的问题,有针对性地选择学习内容,并结合近期其他单位的事故、风险情况,联系《安全规程》的有关条文加以分析讨论,鼓励大家发言,以起到吸取教训、总结经验、集思广益的效果,使班组成员在学习中进一步熟悉《安全规程》内容,加深印象。

总之,安全是生命,安全是效益,因此我们一定要对安全活动引起重视,不能走过场,不去搞形式,讲求实效,班组安全活动就能够取得预期的效果,真正起到提高广大员工安全知识和安全技术水平的作用。开展好班组安全活动,也不是一朝一夕的事,贵在持之以恒,这样才能不断提升班组的安全管理水平,也是班组安全文化活动的有效形式。

61. 班组安全文化建设要经历的几个重要环节

班组安全文化建设,一般都经历几个重要环节,一般来说,如下几个环节是班组在安全文化建设中都要经历的。

(1) 组织保证

企业领导要高度重视,为班组安全文化建设创造条件;车间领导要大力支持,为班组安全文化建设出谋划策;安全部门要具体指导,为班组安全文化建设提供帮助。要从组织上为班组安全文化建设顺利进行提供可靠保证。

(2) 素材源泉

班组营造良好的学习氛围,是搞好班组安全文化建设的重要环节。班组不仅是完成任务的实体,也是孕育企业安全文化的细胞。班组成员在实际操作中的成功经验、失败教训、亲身感悟、点滴体会是形成班组安全文化的素材与源泉。

(3) 个性特征

班组安全文化建设应具有广泛的群众性、普遍的实践性、科学的指导性,朴素实在,并具有可塑性、前瞻性。并且具有较高的法律、学术、技术水准。

(4) 形成理念

班组安全文化建设是通过动员全班人人讲、个个想、说身边的人、写身边的事，开展安全评估、安全征文、安全演讲、隐患点排查、事故原因分析、生命价值研讨等形式，让班组员工认清安全源于警惕、事故出于麻痹，认识到发生事故对己、对人、对家庭、对企业、对国家不利的道理，不断由浅入深形成安全文化理念。进而去指导今后的安全生产。

(5) 丰富内涵

在班组安全文化建设中，班长要因势利导、画龙点睛、善于总结，从班组员工的发言、心得、演讲、感慨、班组安全记录，到安全报刊、事故通报、上级安全指示精神、企业安全规章制度、国家安全法规等，都要结合班组实际工作内容，不断丰富班组安全文化建设的内涵。

(6) 提炼结晶

班组安全文化是企业安全文化的重要组成部分，企业安全文化是班组安全文化的集中体现。在班组开展的形式多样的安全文化活动中，班组长要注意把班组员工抒发的安全文化豪情、事故分析得出的原因、强化安全意识收到的成果、总结利弊得到的启示和经验，通过归纳提炼成为班组安全文化理念的结晶。

(7) 强化意识

班组长要在实际工作中细心观察班组员工的情绪。紧紧抓住班组员工操作结束后，一回到班组就情不自禁所说的"吃一惊""吓一跳""不是安全帽小命就送掉"等惊醒中追根溯源，按照"四不放过"的原则，在引导班组员工吸取教训、制定防范措施的基础上，按照短、明、快的要求形成班组安全文化格言、警句、诗歌、顺口溜，绘制班组安全文化标志，强化班组员工的安全意识，形成安全文化理念，牢固树立班组员工安全思想防线，实现班组安全生产目标。

(8) 发展创新

班组安全文化建设是一个动态过程，受班组员工文化结构和素质的制约和影响，要根据科学发展而发展、技术进步而进步、工艺变化而变化。只有做到与时俱进、创新发展、丰富内涵，才能保班组安全文化顽强的生命力和完整的个性特征。

总之,一般来说,班组安全文化建设都要经历以上几个重要环节,这几个重要环节实乃班组安全文化建设的必由之路。

62. 反习惯性违章活动体现了文化的作用

(1) 习惯性违章的种类

a. 作业性违章。职工工作中的行为违反规章制度或其他有关规定,称作业性违章。如进入生产场所不戴或未戴好安全帽、高处作业不系安全带;操作前不认真核对设备的名称、编号和应处的位置,操作后不仔细检查设备状态、仪表指示;未得到工作负责人许可工作的命令就擅自工作;热力设备检修时不泄压、转动设备检修时不按规定挂警告牌等。

b. 装置性违章。设备、设施、现场作业条件不符合安全规程和其他有关规定,称装置性违章。如厂区道路、厂房通道无标示牌、警告牌,设备无标示牌,井、坑、孔、洞的盖板、围栏、遮栏没有或不齐全,电缆不封堵,照明不符合要求,转动机械没有防护罩等。

c. 指挥性违章。指挥性违章是指工作负责人违反劳动安全卫生法规、安全操作规程、安全管理制度,以及为保证人身、设备安全而制定的安全组织措施和安全技术措施等违章指挥行为。

(2) 造成违章作业的原因

a. 主观心理因素

• 因循守旧,麻痹侥幸。一些员工的口头禅是"过去多少年都是这样干的,也没出事,现在按条条框框干太麻烦,不习惯",因此,就很容易习惯成自然,下意识地仍按老的操作经验和方法操作,自觉不自觉地违反了操作规程。还有的员工不接受"不怕一万,就怕万一"的经验教训,认为偶尔违章不会产生什么后果,往往"领导在时我注意,领导不在我随意",或者看到别人这么做没有出事，因而就随大流，无视警告，无视有关的操作规程。

• 马虎敷衍，贪图省事。有的员工工作不精心，我行我素，将岗位安全注意事项、操作规程抛在脑后，把领导和同事的忠告、提醒当作"耳旁风"。还有的员工不愿多出力，耍小聪明，总想走捷径，操作时投机取巧、图一时方便，尝到甜头后，就会长此以往，重复照干，形成习惯性违章。

• 自我表现，逞能好强。个别员工总认为自己"有一手"，喜欢在别人面前"露一手"，表现一下自己的"能力"。特别是一些青年员工，在争强好胜心理支配下，头脑发热，干出一些冒险的事情。

• 玩世不恭，逆反心理。个别员工对领导的说服教育或企业安全管理的措施方法等产生逆反心理，出现对抗情绪，偏偏去做那些不该做的事情。

b. 客观因素

• 操作技能不熟练。由于培训教育不够，操作者没有掌握正确的操作程序，对设备性能、状况、操作规程不熟悉，不能根据指示仪器仪表所反映的信息对设备运行状况进行调整。

• 制度不完善。作业标准和规章制度不完善，使员工无章可循，无法可依。

• 安全监督不够。对一些习惯性违章现象熟视无睹，对一些严重违章现象存在漏查或查处力度不够的情况，特别是在生产任务重、时间紧的情况下，一味强调按时完成生产任务，从而使部分员工滋生了忽视安全的习惯和心态。

(3) 班组如何开展反习惯性违章活动

a. 引导员工认识习惯性违章的危害。习惯性违章是表面现象，支配它的思想根源是多种多样的。一种是麻痹思想，重视一般情况，而忽视特殊情况。如安全规程规定，停电作业时，必须先验电、后作业，而有的员工则认为这是多此一举。一般停电情况下，作业对象是不会带电的，但如果由于种种原因未及时拉闸，一旦突然来电，后果将不堪设想。另一种思想是怕麻烦，图省事，把本应该履行的程序减掉了。如巡回检查，不按规定的检查线路和项目进行，走马观花。在反习惯性违章活动中，只有让员工从以往的事故教训中深刻认识习惯性违章的危害和后果，根除习惯性违章的思想根源，才能促使其自觉地遵章守纪。

b. 排查习惯性违章行为，制定反习惯性违章措施。首先，对本班组存在的习惯性违章行为进行认真细致排查，要防止出现走过场、应付上级检查的情况。例如某企业一些班组，墙上贴着企业发布的习惯性违章行为的警示，但由于这些班组没有认真结合自身的问题进行排查；有的成员甚至不知道哪些行为属于习惯性违章。其次，要吸取其他企业、其他班组的事故教训，举一反三，排查本班组有无类似习惯性违章现象。在此基础上，制定出有效的反习惯性违章措施。

c. 班组长起好模范带头作用。由于习惯性违章是根深蒂固的，某些员工甚至没有意识到错误所在，因此纠正起来有一定的难度，这就要求班组长首先带头纠正自己的违章行为。随着机械化程度的提高，生产规模的扩大，一个不负责任的行为往往会造成整个生产线的瘫痪及人身伤亡事故，其后果十分严重。因此，班组长在日常工作中不仅要经常进行劳动安全卫生方面的宣传教育，发现习惯性违章或不按规章制度办事的行为应立即指出、责令其改正，而且还应当以身作则。如果班组长不能照章办事，甚至参与违章，很难设想去批评指正他人，怎能被别人接受？所以一个班组习惯性违章屡禁不止，班组长有不可推卸的责任。

d. 加强对习惯性违章的处罚，引进纠正习惯性违章的激励机制。习惯性违章是屡教不改、屡禁不止的行为，它与偶尔发生的违章行为是不同的。对屡禁屡犯者，应该"小题大做"，从重处罚。安全生产的经验表明，安全工作中"严"是爱，"松"是害。

总之，班组反习惯性违章是安全生产的重要措施，反习惯性违章主要是人的问题，而人的思想、行动主要是以文化作指引的。因此，反违章的成效体现了文化的作用。在班组努力建设安全文化，用文化的力量去反违章、保安全、保稳定，实乃安全生产之钥匙。

63. 用亲情感染力助力班组安全

在这个世界上，有一种情感，它与生俱来，血脉相连，延绵不绝。无论你是大富大贵，还是一贫如洗；无论你是柔弱女子，还是铁血硬汉；无论你是重情重义，还是冷酷无情，它都永远关心你、爱护你、包容你。它对你的付出，不讲条件、不求回报。请问，它是什么呢？它就是亲情。这种亲情的作用就是一种文化的力量。

(1) 建设亲情看板

在班组看板中,设立"家人盼望我安全"等栏目,并发布如下内容。

a. 把家庭、亲人对员工的安全寄语、祝愿和期盼,写在员工全家福的照片下面,时时提醒员工牢记亲人的嘱托。

b. 张贴员工对家人的《安全工作承诺书》。

c. 配上安全亲情警句,比如:"安全我一个,幸福我全家""上有老、下有小,出了事故不得了",来增强员工的安全意识。

(2) 召开亲情例会

邀请员工家属,定期参加班组的安全主题例会。在例会上,向员工家属介绍员工的工作特点、安全风险、注意事项,并将班组近期的安全事故情况、违章状况、安全风险等信息,向员工家属做通报和沟通。让家属了解背景,做好贤内助,协助搞好员工的安全意识教育、事故隐患排除、不良情绪化解。

此外,在亲情例会中,也可安排员工在家属面前做出安全承诺或安全宣誓的仪式,进一步强化员工的安全意识和安全责任!

(3) 讲授亲情小课

班组可以邀请安全工作表现突出、长期保持零违章、家庭关系和睦、教子有方的员工家属,前往班组进行安全主题的演讲、座谈和小课讲授。可选的授课主题有:如何做好贤内助、如何提高安全意识、如何化解不良情绪、身体健康保健、搞好子女教育等。亲情小课,可邀请班组员工的家属参加,便于彼此之间分享经验、复制推广。

(4) 开展亲情关怀

利用班组员工的家属资源和优势,互助解决员工在子女上学、求医看病、工作介绍、健康保健等方面的困难,形成班组的团队互助,增强班组的团队凝聚力。此外,当员工家里有困难、家属生病、发生事故的时候,班组和员工家属委员会应派出代表前去探望、慰问、关心和关怀。班组通过开展这些亲情关怀活动,日常的班组安全管理工作就比较容易得到员工的理解和配合。

总之,班组安全管理工作是非常理性、严格、刚性的。因此,在日常工作中,班组长也要注重采用亲情感染法,发挥员工家庭亲情的感性、温馨、柔性的独特作用,只有让班组安全管理工作做到动之以情,晓之以理,以柔克刚,刚柔并济，才能感人肺腑，收到实效。这就是班组安全文化建设的有效方法，也是安全文化的力量。

64. 筑起班组安全的第二道防线

班组安全生产的主力军是班组全体成员，这是毫无疑义的，家属亲情保安全，其作用也是显而易见的，正如抗洪中大堤是主体，但子堤也发挥了重要作用。由此可见，发挥员工家属协助做好班组安全工作，筑起班组安全的第二道防线，是搞好班组安全工作的又一重要方面。这种用加速亲情保安全的做法，其实也是一种文化现象。

(1) 用亲情编织安全网络

安全生产工作是一项社会系统工程，搞好企业安全生产，员工家属是一支不可忽视的力量。班组员工情绪高低，班后休息好坏，家庭和睦与否等因素直接影响着员工能否做到安全生产。因此，用亲情编织安全网，用父子之情、母子之情、夫妻之情、兄弟姐妹之情凝聚安全生产的激情，形成安全自保、联保、互保网，是确保班组安全工作的明智之举。

(2) 用真情筑起安全长城

在企业安全生产中，好多人都感到安全生产工作难做。其实，只要用真情真爱去做，以强烈的社会责任感去从每一件小事做起，安全工作肯定能做好。如山西天脊煤化工集团有限公司，把发动员工家属搞好安全生产当作一件大事来抓，在年度停车大检修前，为了确保大修安全，编写了《情寄山化——家属寄语汇编》一书，分为："希望之光""柔情蜜意""父母之心""赤子情深"等栏目。每一份"寄语"都有一个动人的故事，"前方后方"用真情筑起安全长城，确保了大检修的安全。

(3) 用感情营造安全环境

人是有感情的，用感情营造安全环境，把安全与家庭幸福、安全与伦理道德、安全与爱情婚姻有机地结合起来，是构筑班组安全防线的又一重要形式。

如有的公司居委会组织开展的"三查五不让"活动,即查家属安全生产思想树得牢不牢,查家属保安全公约执行得好不好,查家庭里的不安全情绪整改得快不快;不让员工带气上班,不让员工班前饮酒,不让员工无故脱岗,不让员工违章作业,不让员工兴奋过度等,取得了明显的效果。

总之,筑起班组安全生产的第二道防线,把亲情、真情、感情渗透到安全工作中,无论在深度还是广度上都是行政管理和法律法规很难达到的。它必然为班组的安全生产注入新的活力,取得新的成就。

65. 班组安全管理的九种方法

(1) 自主管理法

自主管理是指班组在精细化管理成果的基础上,以精细化管理为平台,以人本化管理理念为核心,以权责明确、基础扎实、高度自治、高效协作的管理体系和运行机制为前提,推行以"员工自律、班组自管、安全自治"为内容的自我管理。安全自主管理见图3-7。

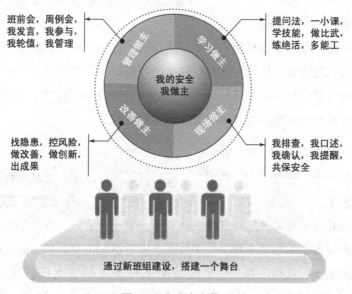

图3-7 安全自主管理

(2) 动态考核法

动态考核法是指企业根据实际需要,以业绩与薪酬管理为导向,在坚持规范化、制度化和科学化的基础上,对班组考核指标、考核方法、考核周期等进行适时动态调整,使之更有效地调动员工工作积极性和创造性,不断促进班组管理水平持续提升。

树立安全发展理念。强化红线意识,正确处理安全与发展的关系,将安全生产摆在经济发展和社会治理体系建设的重要位置,增强全社会安全生产意识和防范能力;大力推行安全发展战略,强化问题导向,深入分析重点环节和突出问题,实现精准管控,定期研究分析安全生产工作,及时发现和解决安全生产中的重大问题。

(3) 流程协同法

流程协同法是指从流程管理、现场管理和控制管理的角度出发,对班组的生产作业管理提出具有超前防范意识和纠偏预案的一种管理方法。它将事前管理、事中管理和事后管理有机地整合成一套完善的系统的管理,特别强调生产过程的事中管理与控制。只有在流程上的各节点之间,各不同的车间、工段、班组之间建立良好的协同管理机制,才能在相当程度上,或从根本上消除不良因素给安全生产和产品质量带来的影响。

(4) 查缺补漏法

查缺补漏法是指班组在特定的工作岗位和工作流程中,参照工作标准,动态地检查与比较当前工作状态(包括各项生产指标、安全指标、成本指标、设备运行数据指标、行为标准等),从中发现疑似异常指标或状态(即查缺),进而迅速提出补救或纠偏措施(即补漏)的管理方法。

(5) 精细管理法

精细管理是一种意识、一种观念,是一种认真的态度,更是一种精益求精的文化。老子云:"天下难事,必做于易;天下大事,必作于细",还提了想成就一番事业必须从简单做起,从细微处入手。对于企业是一样的道理,现实工作中,需要做大事的机会非常少,多数人、多数情况下只能做一些琐碎、单调的事情,或平淡,或鸡毛蒜皮。但这就是工作,这就是生活,每一个个体成为不可缺少的基础。工作中往往因一件小事而导致全盘否定,就会出现

$100-1=0$ 的现象。因此,在现代安全管理中,细节决定企业安全发展的成败。

(6) 持续创新法

持续创新法是为提高产品质量、改进生产工艺、节约管理成本、促进运营安全、采用新型管理方式（或手段）、提高管理水平的一种渐进式、循环式创新技术与方法。它强调创新过程与基础,知识与经验的积累,技术与方法的整合,突出多次、多步、多阶段、多层面的持续改进与提升。持续创新过程是一种极限逼近的过程,没有终结,只有阶段;没有终极成果,只有阶段成果。

(7) 行为养成法

行为养成法是指在班组管理中,根据岗位和流程管理的需要,对生产管理过程进行行为分类,使得每个流程、每个岗位、每个环节、每个动作、每项程序都力求做到"规范化、精细化、精准化",要求班组员工在规定的时间内通过学习和理解、训练和掌握每项行为细则,进而达到行为操作上的规范和标准。行为是文化的表现,也是文化引导的结果,安全行为是安全文化的重要方面,也是建设安全文化的主要目标。"安全第一"已经成为现代社会文明的标志。安全已成为人类文化的范畴,也就是说安全已经成为当代社会生活中处理各种生产及生活问题时的一种科学思维模式,是人们行为的一种规范。

(8) 整合提升法

整合提升法是指在现有的班组管理基础上,坚持继承和发展、利用和摈弃、借鉴和学习、创新和提高的原则,把现有的管理经验、方法、措施、策略、资源等有机地应用到新的班组管理模式中来,促进企业班组管理整体水平的提升。

(9) 文化凝聚法

文化凝聚法是指在班组管理中,以企业文化为基础,以人本管理为目标,以团队合作为前提,通过建立富有特色的班组文化来"凝心聚力",并以此激发班组员工管理的积极性和创造性,增强员工工作上的凝聚力、心理上的归属感,进而变"要我做"为"我要做"。

66. 提升班组安全风险自控能力

班组是企业基层的最小组织单元，强化班组安全标准化建设，推行班组"风险自控"模式，通过实施各类安全保障的措施，形成班组"风险自控、安全共享"的良好氛围，有利于提升基层安全管理水平。

"班组风险自控"的核心是企业生产经营过程的安全风险控制管理，主要包括员工的安全风险自控、物的风险自控和过程风险自控三部分。班组风险自控注重"一切风险控制在班组，一切隐患消灭在班组，一切事故预防在班组"。

在"员工风险自控"上，通过开展员工安全预警教育和安全提示，规范员工操作行为，严防违章隐患事故的发生，全面实施风险感知预警。

在"物的风险自控"上，针对不同生产设备、施工工具、生产操作现场的各自等特点，制定标准化操作流程和不同的规范管理程序，加大物品不安全状态自控和监督检查，强化设备维修、维护和监控，及时消除事故隐患，杜绝设备带病运行，确保设备安全经济运行。

在"过程风险自控"上，在生产管理系统中加强过程安全风险检查，强化安全风险识别与分析，确保每个班组每一项工作、每一名员工、每一天、每一刻均处于安全风险受控状态。

同时，建立重点班组、重点岗位安全风险控制预警机制，加强隐患班组互查、岗位互查，对每一个隐患做到"四不放过"，即"隐患问题认识不到位不放过、隐患问题责任不落实不放过、隐患问题不整改不放过、隐患问题整改达不到安全要求不放过"，确保每个班组、每一个员工生产过程始终处于安全运行状态，提升班组安全风险自控能力，真正让每一个员工实现安全风险自我管理的工作目标。

总之，班组安全管理首先要进行系统性的设计，好的管理方法总是先设计并在实践中反复完善才形成的，这是传统管理中缺失的重要一环。大家都希望班组能提高现场自控能力，但自控是要有条件的。自控目标的实现很大程度上取决于事前的预想和设计，班组安全管理也不例外。必须从班组管理的系统性出发，对班组进行整体设计。如班组的愿景、必须实现的目标和经过努力可以达到的目标、基本的行为规范、组织结构、作业流程、信息化、环境建设等,都要有明确的奋斗方向、操作程序、奖惩标准等。在管理中对班组自身涌现出来的好的经验和做法要逐步提炼和升华,使之成为班组共同遵守的行为规范,把自上而下和自下而上两方面结合起来,促进班组安全文化的形成。

67. 班组安全文化建设的最佳切入点

班组是企业最基本的生产单位,也是企业安全管理的最终落脚点,班组安全建设的好坏直接影响着企业各项经济指标的实现。要想做好班组安全管理工作,我们只有在日常工作中切实加强班组安全建设,才能为员工创造一个良好的工作环境,激发他们的工作积极性和创造性。那么班组安全文化建设的最佳切入点在哪儿呢?

(1) 首先要全面提高班组长的素质

班组长自身素质的高低直接影响班组的安全管理,这就要求班组长必须要有高度的事业心和责任感,既要懂生产、精技术、通安全、熟管理,也要有一套灵活的工作方法,有效地带动班组成员,形成合力。同时作为班组的安全第一责任人,应加强自己的安全生产意识、安全知识素养和安全责任感。平时不仅要注意学习安全知识,宣传安全生产的重要性,而且还要带头严格执行安全工作的各项规章制度,只有这样才能被班组员工所尊重、信任。

(2) 贯彻以人为本的安全方针,创建安全文化

人是生产过程中最活跃的要素,是安全生产的实践者,安全管理的根本目的是保障人的安全。坚定不移地树立"以人为本,安全第一"的思想,是建立安全长效机制的前提和基础,也是尊重员工基本生存权的具体体现。因而在企业安全文化建设中,要始终坚持以人为本的原则,以实现人的价值、保护人的生命安全与健康为宗旨。

a. 发挥好理念先导作用。心态安全是安全文化建设的基础和前提,最能体现人本思想。无论是管理者还是普通员工,只有心态安全,才会行为安全;

只有行为安全，才能保证安全制度落到实处。以安全价值观为核心的安全理念是心态安全文化建设的灵魂。

b. 发挥好宣传教育作用。企业安全管理的落脚点在班组，防范事故工作的终端是每一位员工，目的就是要努力保证他们的人身安全。因此，如何认真地确立起每一位员工的安全意识，使之实现从"要我安全"，到"我要安全"的根本性转变，是企业安全文化建设的中心任务。坚持以人为本的安全方针，营造"人人关注安全"良好氛围，必须拓宽宣传教育形式，建立起整体性的、全方位、全过程、全员的安全环境。通过电视、音像制品、报刊、板报、标语、横幅、读本等媒体和安全知识竞赛、演讲比赛等形式多样的活动，加强安全生产宣传攻势，做到寓教于乐，使安全生产意识深入人心，安全知识广为传播，潜移默化地规范人的安全行为，培养人的安全心态。

c. 发挥好亲情感染作用。从理论上讲，促使全员树立正确的安全意识，最基本、最有效的手段就是宣传教育。安全生产的宣传教育适应了员工群众对安全生产知识的内在需求，从主观上讲员工是愿意接受的。但是以往的安全教育大多是大道理满堂灌。要解决安全教育入心入脑的问题，还应注重情感投入，可采用亲情教育法，如在会议室设立"全家福"样板，把每个家庭对自己亲人的安全企盼写在照片的下面，时时提醒职工牢记亲人的嘱托；如为员工过生日、送警句、恳谈会、兄弟交心等方法，不失时机、潜移默化地向员工宣传安全思想。

d. 发挥好管理规范作用。员工安全素质的高低与安全管理者的方法是有直接联系的。过去，管理者抓"三违"更多依赖的是批评教育加经济处罚。不可否认，批评和罚款能使违章员工的思想受到触动，但仅仅通过经济手段根除"三违"现象是不现实的。尤其是个别管理人员在执行制度过程中方法简单粗暴，很容易使员工感情上受到伤害，进而对安全管理人员产生抵触情绪和逆反心理，使经济处罚的有效作用大打折扣。为了增强管理效果，管理者应该在严格执行刚性制度的同时，注重柔性管理方法的使用。如在设置"不规范行为警示台"，让违章指挥和违章操作者站到台上，将违章经过及危害说清楚，促使其自我反思，自觉遵守规章制度。企业管理人员要发挥模范示范作用，当生产条件达不到安全、危害员工健康时，不得盲目指挥、违章操作。尤其当威胁到员工生命安全时，要把保证员工的安全放在第一位。此外，要为员工创造优美、舒适的工作生活环境，确保员工心情舒畅、精力充沛地去工作。

(3) 建立健全安全生产责任制

通过建立健全安全生产责任制,明确地规定班组成员在安全工作中的具体任务、责任和权利,做到一岗一责制,以便使安全工作事事有人管、人人有专责、办事有标准、工作有检查,职责明确、功过分明,从而把与安全生产有关的各项工作同班组成员连结、协调起来,形成一个严密高效的安全管理责任系统。建立健全安全生产责任制是把企业安全工作任务,落实到每个工作岗位的基本途径。而岗位安全生产责任制是班组安全之魂,执行班组岗位安全责任制是班组安全的基本保证。

(4) 班组安全管理实行目标化

为了发挥班组安全目标管理的功能,实现企业安全生产经营目标的良性循环,必须注重安全目标的制定、分解、实施、考核、保证环节。安全目标的制定要切合实际,要在企业总体目标的指导下,形成个人向班组、班组向车间、车间向企业负责的层次管理;安全目标的分解要着重于展开、逐个落实,使企业车间对班组的各项安全管理工作都能够简便化、统一化、正规化地展开,对具体目标要做到数据化;目标确定、分解后,就必须着重加强相互之间的责任感,激发班组全员潜在的积极性、创造性、主动性,努力实现班组安全管理方法科学化、内容规范化、基础工作制度化;班组安全目标的考核要和安全责任制挂钩,要避免考核时重"硬"、轻"软"的倾向,更不能以"硬"指标掩盖或取代"软"指标;班组必须有确定的安全保证体系,即组织网络保证、物质措施保证等。班组安全目标管理是整个班组安全建设中的重要组成部分,只有把班组安全目标实现了,企业的安全基础才能夯实。

(5) 班组安全管理的重点在现场

班组现场安全管理的内容:

a. 生产现场环境清洁卫生,无脏乱差死角,安全卫生设施完善,附属房屋窗明壁净。

b. 机器、设备、管理整洁,安全附件齐全,严格执行设备巡回检查制度,及时消除事故隐患,及时消除:"跑、冒、滴、漏"。

c. 班组人员经安全培训合格,会正确穿戴和使用防护用品,严格执行安全纪律、工艺纪律、劳动纪律,各种原始记录做到标准化、规范化、书写工整。

d. 材料、半成品、产品摆放整齐,各种工具器材实行定置化,做到物流有序,安全标志齐全,安全色标醒目。

e. 岗位工艺技术规程、设备维护检修规程、安全技术规程齐全,班组和岗位有安全规章制度。

f. 班组在生产现场要做好各种信息的收集、传递、分析、处理工作,及时了解安全生产情况,及时处理生产中反映出的问题。出入现场安全管理的标准和要求,现场安全管理不但要求制度全,而且要求标准高。

通过以上最佳切入点的切入,班组安全文化建设一定能够达到预期效果。

第四章
班组安全文化建设操作方法

本章导读

本章介绍的是班组安全文化建设操作方法，共有33个方法供企业班组参考。操作方法就是实际怎么干的问题，例如建立完善安全机制是企业安全文化建设的第一步，班组安全文化建设应以"安全第一、预防为主"为灵魂，以"关注安全、关爱生命"为精髓，以"以人为本"为核心。其总体目标是塑造一支高素质的员工队伍，建设一个安全和谐的生产生活环境，营造一种安全文化氛围，建立健全严格的评价体系，培育具有班组特色的安全理念和安全价值观，并最终形成共同遵守的行为准则，实现安全生产的长治久安。因此在建设班组安全文化的第一步上，首先就要考虑完善机制。

安全文化建设是预防事故的基础性工程，通过创造一种良好的安全人文氛围和协调的人际关系，对人的观点、意识、态度、行为的形成产生从无形到有形的影响，对人的不安全行为产生控制作用，杜绝事故的发生。解决人的安全意识和素质问题，需要强有力的文化支持，要以人为本，高度重视人的生命安全，加强安全文化理念的宣传，使员工在心理、思想和行为上形成自我安全意识和环境氛围。同时要加强安全知识、规则意识和法制观念的宣传，使"严守规程"成为全体员工的基本素质，使"安全第一，预防为主，综合治理"成为每个员工在安全生产上的基本理念，这些都必须要有高素质的员工队伍为基础，只有员工的素质提高了，安全意识才会不断增强，安全文化才能不断深化。

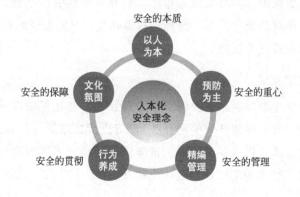

68. 班组安全文化建设须依靠科技措施

科学技术对策是实现生产的本质安全化、改善劳动条件、提高生产安全性最重要的手段。如对于火灾的预防，可以采用防火工程、消防技术等技术对策；对于尘毒危害，可以采用通风工程、防毒技术、全体防护等技术对策；对于电气事故，可以采取能量限制、绝缘、释放等技术方法；对于爆炸事故，可以采取改良爆炸器材、改进炸药等技术措施。

(1) 消除潜在危险的技术

它是在本质上消除事故隐患，是理想的、积极的事故预防措施。其基本的做法是以新的系统、新的技术和工艺代替旧的不安全系统和工艺，从根本上消除发生事故的基础。例如，用阻燃材料代替可燃材料，以导爆管技术代替导火绳起爆方法；改进机器设备，消除人体操作对象和作业环境的危险因素；降低噪声、减小尘毒对人体的影响等，从本质上实现安全生产。

(2) 降低潜在危险因素数值的技术

在系统危险不能根除的情况下，尽量降低系统的危险程度，一旦发生事故，使系统造成后果严重程度最小。如手持电动工具采用双层绝缘措施；利用变压器降低回路电压；在高压容器中安装安全阀、泄压阀控制危险发生等。

(3) 冗余性技术

通过多重保险、后援系统等措施，提高系统的安全系数，增加安全余量。如工业生产中降低额定功率；增加钢丝绳强度；飞机系统的双引擎；系统中增加备用装置或设备等措施。

(4) 闭锁系统

闭锁装置主要是指：防止误分、合断路器，防止带负荷分、合隔离开关，防止带电挂（合）接地线（接地开关），防止带接地线（接地开关）合断路器（隔离开关），防止误入带电间隔。常规防误闭锁方式主要有4种：机械闭锁、程序锁、电气联锁和电磁锁。这些闭锁方式在防误操作中发挥了积极作用。实践证明，各种传统闭锁方式的优缺点均已充分显示。

总之，在班组安全文化建设中，现代科技革命推动生产方式的变革。首先，现代科技革命使生产力的构成要素发生了质的变革，从而极大地推动了社会生产力的发展。劳动资料、劳动对象越来越成为科技的物化，劳动者"智化"程度越来越高。其次，它导致了产业结构的重大调整，传统产业在技术改造中面目一新，新的"知识产业"迅速兴起。再次，它推动了生产关系的调整。还有，现代科技革命推动着生活方式的变革。现代科技革命直接或间接地作用于人们生活方式的四个基本要素，即生活主体、生活资料、生活时间和生活空间，从而引起现代生活方式发生新的变革。所以，班组安全文化建设必须依靠科技措施。

69. 班组安全文化活动诊断技术

(1) 班组安全文化活动诊断调查提纲

不同的诊断目的，应有不同的诊断内容和调查提纲，并且因诊断对象不同，亦应制定有侧重的诊断调查提纲。调查提纲一般从推行的成效、推进的组织与管理和小组的自主管理三个方面拟定。

(2) 班组安全文化活动诊断调查分析方法

进行调查分析，在方法上有一定技巧，掌握了技巧才能做到事半功倍，在活动诊断时通常采用以下几种方法。

a. 现场直接观察。从小组成员的精神面貌、现场文明生产、现场活动场所整洁情况、班组活动原始记录、班组宣传园地等方面直接观察，可反映出员工自主管理的水平。

b. 对资料的调查分析。对有关资料进行全方位及不同角度的调查分析，以便发现问题。如从统计资料中看发展趋势，着重调查最近三年来开展班组安全文化活动所取得的经济效益，获得的成果情况；从班组活动的管理制度及其成果情况，掌握推进安全文化建设工作及开展活动中存在的问题点；从活动的原始记录、成果报告书了解班组安全文化活动的方法是否科学。

c. 座谈了解。对资料分析、直接观察中发现的问题,可采用个别谈话、集体座谈的方式,与班组领导、诊断小组活动推进负责人、推进者、班组有关人员进行相互沟通,确认问题点或探讨解决问题的方法。

d. 民意测验。根据调查的目的,征得企业同意后,对诊断小组成员(包括骨干及小组长)、班组长、推进部门负责人等发放不记名意见调查表(内容可根据调查的目的需要灵活拟定),从中了解各层人员对同一问题的看法或掌握的情况。诊断后事故发生的各类因素占比情况见图 4-1。

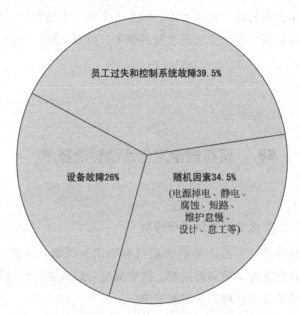

图 4-1　诊断后事故发生的各类因素占比情况

(3) 确认问题点的原则

问题点是现状与要求达到目的的差距,确认问题点是诊断过程中最重要的环节,诊断人员要善于与受诊断班组有关人员密切配合,从众多现象中找出问题点并加以确认,在确认问题点时应遵循以下原则。

a. "追根溯源,一查到底"。从初步发现的问题点入手,利用因果分析找出主导性的关键原因,甚至一追到底,直到完全可以采取措施为止。这样,一是为找准问题点,二是为共同确认问题点打基础,三是为提供可操作性强的改进措施,尽量避免提的问题点抽象使班组改进无从下手。

b. 注意问题点的相对性。同一问题点与要达到的理想目标相比是大问题,而与近期的目标相比可能就是小问题。同一种情况,在基础较差的班组中可能是一般问题,而在基础较好的班组中,就可能成为大问题;有的问题目前可能是一般问题,而从发展看就可能是大问题。因此,在分析问题时要针对具体情况,把握问题点的相对性。

c. 力求双方确认。问题点的确定应在评价的基础上,组织诊断组讨论研究统一认识,并与企业有关人员磋商,听取意见后正式确认。

企业诊断中心也叫企业医院、企业保健中心,就是定期或不定期对企业管理状况、经营状况和财务状况进行全面分析,发现存在的问题,并对问题深入研究,找到问题背后的原因,从各个层面提供解决建议。班组安全文化活动诊断,是由具有丰富经营理论知识和实践经验的专家,与企业有关人员密切配合,应用科学的方法找出班组安全文化活动上存在的问题,分析产生问题的原因,提出改进方案(建议);当受诊班组接受改进方案(建议)后,则负责培训人员帮助班组实施改进方案。

70. 建设班组安全文化的工具

班组安全文化的建设工具是指传播或继承发展班组安全文化的物质形式,或是一种以物质为基础的机制,或是安全文化的载体,是人能感觉、能操作的东西。通常主要有如下内容。

(1) 安全文化宣传工具

通过电台、电视、电影、手机、微信、客户端、录像、报刊、戏剧、诗歌、小说、黑板报、评比栏、演讲会、评比会、交流会等,传播、发展安全文化,启迪、激发、塑造班组员工的安全文化意识,建立科学的人生观、学习安全哲学、学习安全知识、学习安全技能,提高员工安全文化素质,奠定"安全第一,预防为主,综合治理"的思想基础。

(2) 安全文化教育工具

通过各阶段、各种程度的多模式传授班组安全文化的方法,启发人、教育人、提高人、造就人,使具有不同文化程度的员工都具有安全文化常识,接受专业安全科学技术教育,提高全员安全文化素质;通过讲解、示范、演示、实验、实习、应用、创新等方法，利用教育工具，包括书籍、教科书、实验、测验、考试、实操等提高个体或群体的安全文化素质。

(3) 科技的物质文化工具

利用科技进步的技术成果保护员工的身心健康，为员工创造良好的作业环境和工作场所，用机械化、自动化、智能化的技术，代替人的笨重的体力劳动；用无毒或低毒的材料代替有毒或高毒材料，使人脱离危害大、危险性大的场所，保障员工能安全、高效、舒适地进行生产、生活和生存。科学技术是生产力，也是工具，它改变了生产对象和生产关系，也保护了生产力，解放了生产力，发展了生产力，是繁荣班组安全文化的有力武器。安全科技在安全文化建设中的原则及能力见图4-2。

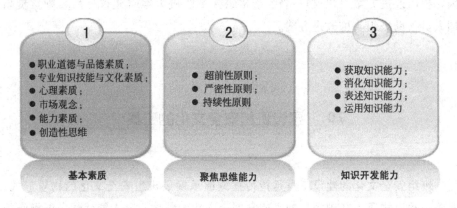

图4-2　安全科技在安全文化建设中的原则及能力

(4) 安全、卫生工程工具

安全工程与卫生工程是保护员工身心安全的基础，是保护个人、保护群体、保护社会的最有效、最实用的工具。所有的安全装置、设备、监控系统、安全产品及劳动卫生工程设备，如防尘防毒、防热防寒、防噪防震、防职业病的护品护具等都十分重要，特别是坚持"三同时"，实现本质安全化，从而能有效地保护员工的身心健康。

(5) 安全信息处理与控制工具

安全信息处理和控制是班组安全文化信息交流、分析决策的重要工具，企业的安全与卫生状况、员工的安全文化知识、安全文化素养及安全文化程度，需要靠企业的安全与卫生活动信息收集、分析、反馈、调查、咨询、决策来实现。该系统是班组安全文化的耳目和调节器。

（6）行政手段

行政手段也是工具，行政命令和奖惩手段是一种推行安全文化建设的强制手段，是一种有效的控制工具。当员工还没有认识到安全的规律和重要性时，即人的认识落后于被科学证实的安全生产现实，必须采用行政命令，以惩戒或升降职务来完成班组安全文化的传播与强化。

综上所述，安全文化的宣传、教育、科技、安全卫生工程、信息处理控制、行政手段等都是建设安全文化的利器，班组员工只有运用好这些工具，掌握适当的方法，才能把安全文化建设好。

71. 运用安全文化，提高自救能力

（1）应急程序

虽然人和动物对于某些灾害发生信息的感知相同，但反应则大大不同，如动物只可本能地避难，可人类不仅对各种灾害发生的信息有感知，而且还能将所获得的有关灾情进行综合分析，从而选择最佳减灾行动。是否具备应急能力及减灾应急预案，标志着社会、区域、企业、家庭安全文化的基本素质。事实上，如果一个人平时具备较强的安全减灾文化素养及良好的心理素质，无论遇到何种事故灾害，他都能透过突发性、偶然性、破坏性、复杂性，找到从容得当的应急行为。

火灾，几乎是和火的利用同时降临人间，但并不是所有公众或安全救灾人员都通晓应急救火的方法。面对突发性火灾究竟有哪些应急救火方法呢？这里归纳十项原则即：

　　a. 抓紧扑救，一面报警一面集中全力自救；

　　b. 先救火，后搬运财物；

　　c. 身上着火，不可带着火苗乱跑，更不能用灭火器往身上喷射；

　　d. 火场不要争先恐后逃离，要尽可能保持秩序；

e. 住在高层的人遇火,不应轻易跳楼,应用湿毛巾堵住嘴、鼻顺着楼梯而下,或沿着已被火封住的楼梯冲出去;

f. 若楼道已烧毁,可利用竹竿、绳索滑下;

g. 邻室起火,不要开门,应从窗、阳台转移,再参加救助;

h. 睡眠中发生火灾,应趴在地上匍匐,近地会有残留新鲜空气;

i. 火灾时若携带婴幼儿,可用湿布蒙住婴幼儿的脸撤离;

j. 逃离火场的人应最后关闭火场区域的门窗,减少火势扩大化趋势。

(2) 应急应该听取救护中心的指导

作为应急管理和救助中心,是事故灾难的"神经中枢",它必须具备通信、预警、灾情评估和监视,确定行动重点地带,协调及分配救灾力量,公众信息与新闻媒介等功能,同时必须要求各级管理者及公众熟悉应急预案的内容。如居民的避难行动从属于应急系统的重要方面,它必须教育公众通过定期避难演习,提高自身应变能力。应急避难方案应提供以下内容:

a. 由安全评估确定避难对象;

b. 由灾情预测,确定可保护公众的范围及容纳力;

c. 选择一条居民安全到达的避难路线。

作为班组安全文化建设的心理借鉴,宜坚持如下教育原则:塑造正确的价值观和道德观;树立坚定的事业心;培养完整和谐的个性;保护良好的人际关系;学会调节情绪;争取社会支持;正视并承认生产、生活中心理意识锻炼的必要性。

72. 强化安全措施,确保班组安全文化建设顺利进行

(1) 强化安全教育,提升安全素质

为了增强全体员工的安全意识,班组从员工的安全教育入手,将全员安全教育作为重点工作分层次、分重点进行落实,提高了员工的安全素质。

针对新入厂员工较多的情况,应突出加强新职工第三级(班组级)安全教育,由安全管理人员现场讲解工艺流程及危险有害因素,组织观看"安全生产

知识""法佑平安""危险化学品管理知识"等专题片,分析安全事故案例,同时抬高安全准入门槛,凡是未通过安全资格面试、考试的新入厂员工和复工职工,二次补考不及格者,取消其入厂资格。

在日常安全教育中,应重点加强岗位安全操作规程、工艺规程、设备规程、应急预案方面的培训考试,班组安全活动应几乎每天进行。在特殊工种、特种作业人员的知识和操作技能培训、培养方面,采取进厂培训的方式,加强员工学习考核,保证特殊工种职工能够掌握专业的安全知识和安全技术,持证上岗。

(2) 创新管理模式,提高管理水平

在抓好安全教育的同时,班组要不断创新安全管理模式,积极开展形式多样、丰富多彩的安全宣教活动,以亲情、友情、热情和爱心教育感化员工,用心与心的沟通、情与情的交融架起了与员工真诚交流的桥梁,为安全生产构筑一道坚固的防线。

针对企业安全事故多发生在检修过程中这一特点,在实施标准化作业达标过程中,应推出"危险预先分析""风险评价"和"安全作业证"等人性化管理方法,组织员工提前分析、识别作业环节存在的危险因素,采取针对性的防范措施,落实防护、监护,实现"人员、现场、防护设施"的"三保险",应做到超前预防,消除和避免安全事故的发生。

为了增强安全文化的吸引力,班组还应组织开展了"安全星级考核""安全金点子征集""四面镜子促安全""五访四情教育""寓员工于乐有奖问答""安全文艺进班组"等形式多样的安全活动,充分发挥职工的想象力和创造力,调动员工参与安全工作的积极性和主动性。

(3) 加强防范治理,消除事故隐患

为了最大限度地预防和减少各类事故的发生,针对作业环节中潜在的危险及危害因素,通过经常性地组织开展全员"反三违、查隐患"安全专项整治活动,并将整个活动贯穿全年的安全生产管理,以促进现场安全管理水平的提高。

一是成立专门的安全风险评价组织机构,对各班组识别的危险进行有效评价,确立出重大风险和重大危险源清单,制定相应的岗位安全操作规程、防范控制措施和应急预案,组织员工进行风险辨识及防范学习、演练,提高全员的安全风险意识和防范能力。

二是围绕班组、岗位、现场、人员等各环节,在全公司范围内深入查找人员意识、工作环节以及安全管理工作中的"短木板",通过作业人员相互监督、相互管理,提高岗位员工的危机意识及责任意识,实现安全管理工作由"要我安全"到"我要安全"的彻底转变。

三是实施事故隐患检查制度,编制详细的安全检查表,分专业、季节及重点部位进行隐患检查和单位、岗位自查,消除事故隐患。通过公司安委会和专业小组检查、安全管理人员现场巡查以及各单位安全小组隐患自查等形式,查处、治理事故隐患,确保班组安全生产。

四是突出重点部位管理,针对易发生中毒、泄漏、污染事故的重点岗位、重点部位和重要环节,落实专人负责制,应明确各级管理人员的责任和义务,并对其进行岗位负责制考核,将管理人员到岗位进行安全活动的内容、时间进行记录,使重点部位全部受控。

五是将班组安全文化活动有序开展,通过每周一题安全学习,每天讲一个安全故事,每班背一条安全警句活动,活跃班组安全工作气氛,在耳濡目染中班组安全文化建设走上了康庄大道。

总之,班组通过强化教育,提升安全素质;创新管理模式,提高管理水平;加强防范治理,消除事故隐患等措施,确保班组安全文化建设的顺利开展。

73. 建设班组安全文化,培训应先行

班组安全文化建设作为班组预防"人因错误"的系统性解决方案,得到了许多有识之士的重视,许多企业班组都自觉地开展了安全文化建设。在安全文化建设过程中,有相当一部分班组不得要领,收效甚微;也有些班组形成了自己特色并取得良好的实践效果。同样是搞班组安全文化建设,为何出现两种不同的结果?究其原因,成功者的共同心得是:班组安全文化建设,安全教育培训先行。

(1) 班组安全文化建设组织动员需要靠培训

班组安全文化建设涉及企业的几乎所有部门和员工,由于过程中难免会对

各部门的工作造成一定程度的打扰，势必会受到一些员工的不理解和抵触。对此，不能仅仅依赖上层的硬性推动，因为班组安全文化建设的主要目的就是改变人的态度和行为。好的目标必然通过好的过程和手段来实现，"班组安全文化建设"本身应该是人性化的，否则它的建设效果就无法保证。通过"培训"能够解决疑问、达成共识，从而推动各个部门协调一致的行动，因而是班组安全文化建设组织动员最为恰当的启动方式。

(2) 班组安全文化建设过程的推进需要靠培训

班组安全文化建设，涉及理念建立、态度引领、行为管理、环境营造、宣传教育等各个过程，这些过程，无一不需要通过培训来推进。安全理念的贯彻需要培训才能深入人心；正确的安全工作态度需要培训才能有效引领；良好的安全行为模式需要培训才能学成知会；软硬安全生产环境的营造需要培训才能统一规范；安全知识和技能需要培训才能被掌握。总而言之，培训贯穿了班组安全文化建设的各个过程。

(3) 班组安全文化建设的队伍需要靠培训

班组安全文化建设的主力队员除了班组长、安全员和班组七大员外，应该说，大多数普通员工没有安全文化建设的相关知识和技能，个别员工甚至态度上还很抵触。所以，班组在启动安全文化建设之前，就应该对这些未来的建设主力军进行充分的培训，使他们掌握安全文化建设的要领，保证班组安全文化建设的质量。

总之，班组安全文化建设，不是凭拍脑袋就能做到的，而是要组织班组全员，按照标准和规划，一步一个脚印踏实前行，其中安全培训必须先行。

74. 安全标志的正确使用也是一种安全文化行为

安全标志是向员工警示工作场所或周围环境的危险情况，指导员工采取合理行为的标志。《安全生产法》规定：生产经营单位应当在有较大危险因素的生产经营场所和有关设施、设备上，设置明显的安全警示标志。我们在工作中，发现一些班组在使用安全标志中存在不少问题。

(1)"三乱"现象

① 制作发放乱。标志牌的材质有纸质、木质、铁质、铝质、塑料、玻璃、搪瓷等,以及以墙体为依托书写的。从发放单位看,外部的有公安、消防、电力、交通、安全、环保等部门;企业内部除了安全监管部门自制的外,还有工会、团委组织以及基层生产单位为自己管理的需要而制作的。从规格尺寸看,不够协调,大的有上百平方厘米,小的有几十平方厘米。

② 张贴悬挂乱。

a. 贴挂位置不明显。有的标志有内容的一面不是朝向人的正视视线,而是在侧面;有的是位于背光处,有的被用永久性物体遮挡;有的永久处于无照明的环境;有的贴挂于能移动的物体上。

b. 贴挂方式不美观。如有的标志牌简单地用铁丝或线绳吊挂,有的甚至用铁丝捆绑,缺乏美观性。

c. 固定措施不到位。有的标志固定不牢固,有的甚至没有固定而是随意插在其他物体上,或是放在地上,一些纸质标志只用普通糨糊粘贴。有的标志两面都有内容,但只用单绳悬挂,常被风或人为的因素翻转。

d. 贴挂高度不适中。有的不足1米,有的则高达4~5米,更有甚者将之挂在巷道顶板的极高点。

e. 贴挂密度不均衡。有的同一种内容的标志在一个不大的环境(场所)内贴挂过多,有的在一个场所内把很多标志牌集中贴挂在一起,有的干脆把标志用铁丝串成一串,造成滑动重叠。

f. 贴挂内容不适当。有的所贴挂标志的内容与物体(环境)要求不一致,如将节水的标志贴在电气设备上。

③ 管理混乱。

a. 使用管理不统一。应当用什么标志,在什么地方(位置)使用,由谁负责日常的检查和维护等,常常是按照专业由对口部门负责,造成人人都在管,人人都不管,最终管不好的后果;维修更换不及时,对一些破损严重、字迹图案严重褪色、亮度老化、倾斜转向等标志没有及时更换或修理,对那些内容过时、工作场地搬迁遗留的标志没有及时撤下来,对不洁的标志很少清洗。

b. 管理责任不明确。对使用单位没有具体的管理要求,也没有具体的考核办法。

(2) 主要原因

① 法律意识淡薄。没有认识到使用标志是法律所规定的，很少想到发生的事故是否与安全标志的设置、内容等有关。因此，未能严格按照法律的要求去设置和维护使用，有的甚至去故意破坏。

② 形式主义和功利思想严重。只是为了完成上级下达的任务，缺少对具体环境因地制宜地贴挂。有些组织为了表现本单位对此项工作的重视也会跟风制发标志，所以出现了你发我也发、你挂我也挂的现象，造成了发（放）而不问，挂而不管（理）的现象。

③ 标志使用知识欠缺。如有的认为标志挂得越多越安全，殊不知贴挂太多不仅会造成视觉污染，更严重的是会造成思想麻痹而引发事故，造成恶果。

(3) 正确做法

a. 所有标志的安装位置不能对人体产生危害。

b. 标志上显示的信息不仅要正确，而且要清晰易读，并能明白标志内容所表达的意义。

c. 通常标志应安装于观察者水平视线稍高一点（即标志中心距地面 2～2.2 米的位置，但有些情况，特别是井下也要视客观条件而定）。

d. 危险和警示标志应设置在危险源前方足够远处，以保证作业者在前方看到标志及注意到此危险时有足够的反应时间，这一距离应随不同情况而变化。例如，警告"线路有人工作，不准合闸"的标志，应设在它们的旁边。

e. 标志不应设置在能够移动的物体上。例如门、窗、柜子等，因为物体位置的任何变化都会对安全标志观察变得模糊不清，甚至看不到或改变方向。

f. 井下使用的标志牌，不应使用易燃、易碎、易变形的材质制作。

(4) 加强对安全标志的管理

a. 对企业所有的标志定期检查、定期清洗，发现有变形、损坏、变色、图形符号脱落、亮度老化等现象时，要立即更换或修理，从而使之保持良好状态。

b. 对那些过期、过时、遗留的标志应及时拆除，以免误导；减少或清除在一个场所中内容重复的多余标志；拆除不应贴挂标志场所内的标志。

c. 制定对使用标志单位的管理制度和考核办法，并严格执行。重大危源告知牌见图 4-3。

图 4-3 重大危险源告知牌

总之，按照法律科学而有针对性地使用和维护好安全标志，是班组安全文化建设的内容之一，正确使用安全标志就是一种安全文化行为。这种安全文化行为对预防事故、搞好班组安全文化建设是十分有益的。

75. 班组设立监督岗，保证安全促发展

监督岗是针对一些较大的隐患或严重尘毒危害点而采取的一种监督整改措施。它对班组的安全生产发挥着巨大的作用。

（1）确定监督岗的范围和目标

a. 班组当年安全技术措施计划列项和经车间审议通过确定、有计划拟解决的重大事故隐患或尘毒危害问题。

b. 在开展安全生产检查中发现的较严重的事故隐患或尘毒危害点。

c. 发生伤亡事故后，个别遗留问题。

d. "三同时"验收后，针对某些必须整改的问题。

e. 配合企业有关部门要解决的重大问题。

f. 班组所在的全厂关键的生产部位。

(2) 设立监督岗的步骤和标志

a. 确定监督整改和治理的具体内容。针对主要问题明确提出具体的要求，并填写《劳动安全卫生群众监督岗登记表》。

b. 指定一名监督员负责对整改和治理过程的监督。

c. 举行设岗挂牌仪式。

d. 班组针对提出的要求，制定相应的整改和治理措施，包括投入的资金及完成的时间，同时要明确项目负责人，并把这些内容采用公示板的方式附在监督岗的一侧。

(3) 撤岗撤牌

监督岗设立之后，班组按设岗提出的要求开始进行整改和治理工作。一般来讲，整个整改和治理的任务全由班组自己完成。被指定的监督员负责对整改全过程的监督，要及时沟通情况，反映遇到的问题。有些特殊问题需要上级出面的，由上级有关方面进行协调，帮助班组解决具体困难。整改和治理目标实现后，方可把牌匾摘下来，算是撤岗。

(4) 监督岗的类型

a. 敦促整改型。针对班组现有的隐患问题，在班组具备一定整改能力的前提下，通过挂牌设岗敦促尽快整改实现整改目标。这主要是因为有些班组对隐患的整改往往是年初有计划，年末不兑现，通过挂牌设岗的办法，加一点压力，促使问题的解决。

b. 指令整改型。针对班组中现存的隐患问题，提出整改意见，要求班组按照上级的意见进行整改，带有一定的强制性。

c. 协助治理型。对一些问题较严重、班组一时又不具备整改条件的隐患，选择一批予以挂牌设岗，并协调班组进一步加强防范措施，完善各项管理工作，靠综合治理来达到预防事故的目的。

总之，在班组安全文化建设中，安全监督岗应发挥优势，履行职责，切实发挥安全监督岗作用。班组员工是企业安全生产的生力军，要认真抓队伍建设，广泛开展安全教育活动，严格落实安全监督岗制度，积极参与企业安全管理工作，切实发挥安全监督岗安全生产优势，为企业安全生产做出积极贡献，保障班组安全文化建设顺利进行。

76. 班组安全文化建设原则和危险预知活动

(1) 班组安全文化建设原则

a. 零事故原则。任何人都不愿意受到伤害或者患病，而希望安全。如果把这种愿望化作一种精神财富，总结为"大家一起来向零事故挑战"的全体员工的共同意志，就一定能得到企业全体员工的一致拥护。

b. 危险预知原则。要实现零事故目标，把岗位一切潜在的危险因素事先辨识出来，加以控制和解决，从根本上防止事故的发生。因而，应在事故发生之前，发现和掌握这些危险因素，同时对那些可能成为事故的危险因素进行预知和预测，并尽力排除。

c. 全员参加原则。全员参加，即大家一起主动发掘其所在作业场所中可能产生的一切危险因素，以无事故和无疾病为目标，共同努力做到预先推进安全卫生管理。

(2) 班组危险预知活动

班组危险预知活动是企业班组安全建设的主要内容。与安全作业关联的因素见图4-4。

① 班组危险预知活动的内容。作业地点、作业人员、作业时间；作业现场状况；事故原因分析；潜在事故模式；危险控制措施。

② 危险预知活动的程序。发现问题；研究重点；提出措施；制定对策；监督落实。

③ 组织班组危险预知训练须注意的问题：

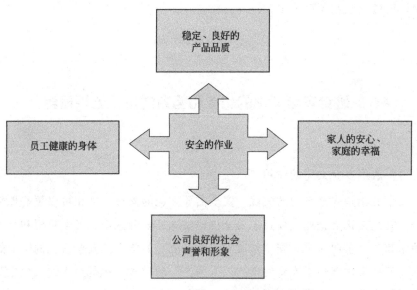

图 4-4　与安全作业关联的因素

a. 加强领导，要求根据危险源辨识的结果、PDCA 循环模式拟订预知训练课题计划，分批分期下达到班组开展活动，并将实施结果纳入考评内容。

b. 班组长准备，活动前要求班组长对所进行课题的主要内容进行初步准备，以便活动时心中有数，进行引导性发言，节约活动时间，提高活动质量。

c. 全员参加，充分发挥集体智慧，调动群众积极性，使大家在活动中受到教育。危险预知活动应在活跃的气氛中进行，不能一言堂；应让所有组员有充分发表意见的机会。危险预知活动分为四个阶段：发现问题；研究重点；提出措施；制定对策。

d. 训练形式直观、多样化，班组长可结合岗位作业状况，画一些作业示意图，便于大家分析讨论。

e. 抓好危险预知训练记录表的审查和整理。预知训练进行到一定阶段，车间应组织有关人员参加座谈会，对已完成题目进行系统审查、修改和完善，归纳形成标准化的教材，作为工前 5 分钟活动的依据。

班组危险预知活动是日本中央劳动灾害防御协会于 1973 年提出"零事故运动"的支柱，目前在亚太地区一些国家和地区的企业广泛采用，效果明显。当你走进开展上述活动的企业班组，你就会感到一种安全文化的气息和氛围，其车间的墙上、黑板以及班组活动场所，到处都标识作业场所的危险性及其控制信息。我国也有一些企业已在班组全面推广，这些企业的伤亡事故得到明显控制，全员安全意识有了很大提高。

77. 班组安全文化的功能和努力创建"五型班组"

(1) 班组安全文化的作用

安全文化是安全管理的灵魂，安全需要文化的支撑，文化可以更好地促进安全。安全文化是企业全体员工安全价值观念、安全意识、安全目标和行为准则的总和，是企业与个人安全素质和安全态度总的体现。安全文化的本质是安全人。安全文化体现了安全生产"以人为本"的理念。规范员工的安全生产行为有两个方面，一是来自班组外部的，即国家安全生产的法律法规、企业安全生产规章制度；二是来自班组内部的，这就是班组员工内部的价值理念、思维意识。良好的安全文化具有强大的作用，主要表现在凝聚性、导向性、规范性和激励性四个方面。

(2) 建设班组安全文化须努力创建"五型班组"

班组建设是基础性建设，也是战略性任务。班组文化建设不仅内涵丰富，而且对于班组的管理和建设有着深远的意义。创建"学习型、安全型、清洁型、节约型、和谐型"班组，体现了新的历史阶段班组建设的基本目标和发展方向，要从"班组强则企业强，班组优则企业优，班组安则企业安"的高度认识"五型班组"创建的重要性、必要性，达成共识，形成合力，共同推进。进一步强化公司基础管理，促进公司健康、和谐、快速向上发展。"五型班组"建设的内容见图4-5。

一要加强组织领导。二要务求取得实效。三要完善治理措施。四要严格组织考评。

总之，"五型班组"的创建是班组安全建设与管理工作的一个长远目标，是企业探索班组安全建设长效激励机制的发展方向，是抓好最基础和最基层管理的有效方法。企业结合行业特点和本单位工作实际，在具体内容的要求上，没有统一的规范，只要围绕上述四个方面开展班组建设与管理工作，最终将促进班组安全更好发展,促进班组安全文化建设更加顺畅。

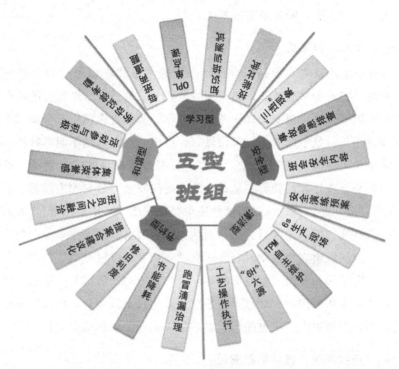

图 4-5 "五型班组"建设的内容

78. 班组隐患排查与治理是安全文化的表现

作为企业,安全是企业给员工的最大福利,安全生产是保障员工的人身安全,也是对设备正常运行的有力保障。这就是给予员工的文化关怀。然而在工作中事故隐患是不可避免的,无论多大的事故隐患,它都存在于生产岗位,存在于一线。而一线工作的承担者是班组,如果把事故隐患排查与治理作为班组安全活动的内容之一,这样既可丰富班组安全活动内容,提高一线人员的素质,又可及时发现和消除隐患。班组事故隐患排查与治理活动,应该由班组长或安全检查员牵头,定期组织员工对本岗

位、本班组范围内的不安全行为、不安全状态进行查找、治理，使事故隐患能早期发现，及时消除，防止事故的发生。

(1) 可提高人员素质

提高人员素质首先要加强安全基础知识的学习和思想上对安全的正确认识。企业员工的安全素质越高，避免事故的能力就越强，出现事故的概率就越低。有的人很不在乎单位安全知识考试没考好。实践告诉我们安全知识考试答错了可以改正，但是生产安全一旦没做好，造成的损失却是不能弥补的，正所谓"一失足成千古恨"，言不过及。所以，只有提高自身的安全素质，不断加强自身的安全教育，才能使员工从被动的"要我安全"转变为主动的"我要安全""我会安全"的思想，从"习惯性违章"转变成"习惯性遵章"，人人自觉地执行安全措施，抵制违章行为，从而达到保障自己和他人生命安全的工作目的。其次在组织班组安全活动时，要树立"一切事故可以避免"的理念，使员工认识到只要了解和掌握了事故的规律，采取有力的预防措施，事故是能够避免或推迟其发生的。同时，通过分析事故可以使员工认识到，事故原因是多种多样的，如：操作失误、机械缺陷、组织指挥责任、思想疏忽等。

(2) 可查找隐患，做到早期发现

事故隐患常常会通过异常情况表现出来，所以异常情况的早期发现是很重要的。班组应重视防范隐患的培训，应该从提高运行员工的操作技能和反违章能力来培训。只有技术过硬，对隐患才能做到早期发现，安全才能保障。如果自身技术素质不高，对安全生产本身就是一个潜在的不安全因素或者说是一个隐蔽的违章点。这些事故隐患是客观存在的一种现象，只要我们认真查找，就会发现它，在事故发生之前采取有力措施制止，就会收到明显效果。

(3) 对查出的隐患进行有效治理

对查出的各类事故隐患，应组织有关技术人员和行政人员进行分类和有效治理。班组可以治理的，组织员工自行治理；班组解决不了的，要层层上报，逐级落实治理意见和治理时间。要填写治理意见书，建立健全隐患治理档案，做到职责明确、责任到人，防止推诿扯皮。治理隐患，保障生产的正常运行，保障员工的安全与健康，既是物质的安全，也是精神的安全，既是物质安全文化，也是精神安全文化。

总之，安全是责任，重在落实。班组在安全文化建设中，如果在组织安全

活动学习时，能认真学习安全规程、操作规程和提升个人的安全素质，在实际工作中不断提高自身的技术水平、综合分析和判断事故的能力，并配合有效的排查治理手段，那么我们的企业就会呈现出良好的安全态势，会彻底告别危险、远离事故。

79. 班组"安全文化墙"的建立与作用

（1）班组"安全文化墙"的作用

班组文化是团结凝聚班组全体成员的桥梁和纽带。班组"安全文化墙"的作用一是促进班组安全文化活动作品的展示交流；二是该班组在原有"班组园地"的基础上，进一步丰富班组文化内容，将企业文化理念、重要通知、奖惩情况、先进典型等内容作为班组文化"搬"上了墙，通过这种形式灌输给每位员工，以此引导员工爱岗敬业、奉献企业。

a. "阳光"管理"看得见"。班组在"安全文化墙"的"通知栏"上，标明重点工作内容、班组领导值班安排和考核奖励等情况，一目了然，让每位员工心理都有个"明白账"。"意见栏"里可以针对班组管理提出个人意见。"安全培训栏"里既有形势任务教育，也有理论技能培训，可有效促进员工日常学习教育的开展。

b. 榜样力量"感觉得到"。班组"安全文化墙"里可推出"先进风采"专栏，对在安全工作中勇挑重担、业绩突出的员工上榜展示，使大家学有目标、追有方向，营造出"比学赶超、见贤思齐"的浓厚氛围。

c. 自身差距"找得着"。班组"安全文化墙"上对员工取得的工作成绩及奖励情况进行展示，让每个人看到别人进步在哪里、解决了哪些工作难题等，清楚认识到自己的差距，可有效增强员工提升技能的主动性和紧迫感。

d. 电子"安全文化墙"更形象。班组电子"安全文化墙"以简洁、醒目的上墙图、电子展板对班组"安全文化墙"的内容进行更新，"安全文化墙"展板囊括了员工队伍建设、安全生产漫画、典型模范人物、文化宣传展板和宣传画等，内容简洁明了、贴近实际。一幅幅简单的宣传标语，使班组企业文化成为"看得见，想得到，摸得着"的安全文化，更好地传播了企业核心价值观,提升了班组品牌形象,促进企业安全文化建设更加规范化、标准化、具体化,进一步增强了企业安全文化的穿透力和影响力。营造积极向上的氛围,使企业安全文化深入员工心田,让每位员工潜移默化地接受企业安全文化的熏陶,激发员工的生产热情,增强企业的凝聚力,促进班组的和谐发展。

(2) 班组"安全文化墙"的栏目设置

班组建立"安全文化墙",其栏目的设置,没有固定的模式和要求。它既可各个班组根据自身的特点和工作性质,也可根据各个时期企业的安全生产要求以及班组在某个期间的安全工作任务,灵活、机动地设置一些紧跟形势和任务的栏目。一般来说,设置如下栏目:班组公示栏;班组文化长廊;班组文明创建;班组考勤记录;班组安全荣誉;班组服务理念;班组创新创造;安全缤纷活动;安全明星风采;安全绽放未来;安全英雄比武;安全激励督促;班组精彩生活;安全名言警句;班组安全作风;班组安全目标等。

(3) 班组"安全文化墙"的实践

例如,某煤化工集团经常对所有班组"安全文化墙"进行更新,一幅幅制作精美、反映安全生产、安全文化建设的生动图案逐一展现在眼前,吸引了广大员工驻足观看。班组安全文化是团结凝聚班组全体成员的桥梁和纽带。集团根据"一班一特色"理念,在每个基层班组都设立了"安全文化墙",其中包括"班组简介""全家福""培训园地""班务公开栏"等主题栏目,为员工创造了一个交流互动的空间,使班组凝聚力得到有效提升。其中某班组"安全文化墙"设置的样式见图4-6。

图4-6 班组"安全文化墙"示例

总之,在班组安全文化建设中,每个班组都应该设置"安全文化墙"。它对于传递信息、凝聚力量、鼓励员工均有不可估量的正能量。

80. 班组安全文化标语、口号

(1) 安全文化标语、口号

标语是指：文字简练、意义鲜明的宣传、鼓动口号。标语既有公文语体准确、简洁的特点，又有政论语体严谨性、鼓动性的特点，既能在理智上启发人们，又能在情感上打动人们，肩负着"社教"的使命，在影响社会舆论和文化传播中，对人们的社会行为起着不可忽视的导向作用，并在一定程度上反映了社会经济制度的本质和社会的文明程度。它的意义十分重大。

a. 安全工作口号。如：安全来自长期警惕，事故源于瞬间麻痹；工作为了生活好，安全为了活到老；树立企业安全形象，促进安全文明生产；加强安全技术培训，人人学会保护自己；消除一切安全隐患，保障生产工作安全；与其事后痛哭流涕，不如事前遵章守纪；简化作业省一时，贪小失大苦一世；安全生产莫侥幸，违章操作要人命；安全就是节约，安全就是生命；保安全千日不足，出事故一日有余。

b. 安全宣传标语。如：生命只有一次，安全伴君一生；安全连着你我他，平安幸福靠大家；你对违章讲人情，事故对你不留情；生产再忙，安全不忘；人命关天，安全为先；安全生产，人人有责；遵章守纪，保障安全；事故不难防，重在守规章；多看一眼，安全保险；多防一步，少出事故；危险物品，隔离放置；标识清晰，注意防火；消防设施，常做检查；消除隐患，预防事故。按章操作机械设备，时刻注意效益安全。

(2) 在安全生产中的作用和意义

安全标语的优点就在于培养和增强公众安全意识，这也是张贴安全标语的重要意义。安全标语是安全文化建设的一个窗口,它本身具有成本低、针对性强、形式多样、重点突出、醒目的特点。而且它具有更多的警示性、鼓励性和激励性。

在上下班的路上,我们都可以看见沿路有很多安全标语。不仅如此,在公共场所也有一些安全标语警示,也让很多人意识到危险,意识到要注意出行的安全,它无形中促进了社会的进步和人们安全文化素质的提高。并且它的帮助远远大于只是字面上的提醒,它还鼓舞了更多人去实践安全标语口号的含义,以这些口号作为行动上的大目标,让人们深深记住,为安全投资是笔大财富。安全标语的意义越发重要了。

总之,标语的作用不仅能够在主观的理智方面启发人们,读了各种各样的安全文化标语以后,这些标语长期在自己的脑海中徘徊,久而久之就能记住,而且最重要的是标语里面所含有的情感也会感召人们,标语中的各种寓意也会比较好地警醒人们。总的来说,标语担负的是教育的使命,是班组安全文化建设必不可少的。

81. 班组安全文化建设须建立岗位流动红旗奖励机制

(1) 活动内容

a. 班组随时对各岗位进行检查,对检查发现的问题进行记录,每月进行评比,对评比获得优秀的班组,授予流动红旗并奖励班组 500 元。

b. 对评比不合格的班组罚款 200 元。

c. 对违反考评细则的班组和个人,每项每次考核罚 50 元。

d. 活动考评结果,作为年底评优依据。

(2) 评比办法

a. 班组流动红旗评比领导小组成员随时对各岗位进行检查,随时记录各岗位检查结果,每月定期进行汇总评比。

b. 各班组或个人因安全因素造成人身或设备事故者,取消评比活动的资格,并给予相应处罚。

c. 为体现该活动的公平及公正性，各班组有相互监督举报的权利，每月在月底评比前应将检举内容向评比领导小组提供。

d. 优秀岗位的评比按照百分制进行，主要内容分为：班组出勤率、岗位劳动纪律、班组卫生、班组基础管理等。

e. 该活动与班组综合考核同时进行，班组或个人违反安全管理制度者，按照班组安全管理考核细则进行经济处罚，同时按照该活动考评细则扣除活动班组相应分值。

(3) 考评细则（每一项考核 5 分）

a. 班组出勤率。班组员工的考勤应准确记录，不得出现虚报瞒报。

b. 岗位卫生。各班组须保证好自己班组的辖区卫生，包括门窗玻璃、过道通道以及卫生间等。做好交接班卫生。各岗位员工需保持好自己的宿舍卫生。

c. 岗位劳动纪律。上岗期间须按要求佩戴个体防护用品。上岗期间不得睡岗、串岗。上岗期间不得流动吸烟。上岗期间不得玩手机以及看与工艺专业无关的书籍等。

d. 班组安全管理。岗位记录不得虚报。班组总结按时上交并有具体内容。班组文件收纳整洁。学习日班组要做好学习记录，做好学习总结。班组管理制度齐全、保存完好，班组记录齐全、准确，按时记载，无补记现象。

e. 违章违纪行为。出现酒后滋事打架斗殴及其他部门考核的班组取消评比资格。出现生产违例违规操作的以及发生重大安全事故的班组取消评比资格。

总之，在班组安全文化建设中，设立流动红旗是有效的安全文化建设载体，也是调动员工安全生产积极性和提高安全意识的有效方法，只要坚持，必有好处。

82. 开展"安全日"活动,促进班组安全文化建设

(1) 每周开展一次"安全日"活动

班组每周开展一次"安全日"活动,主要开展安全学习、安全宣传及安全反思和安全文化建设等工作。学习内容要丰富,如学习作业标准、规章制度、安全知识,讲评班组安全情况,检查分析安全隐患,总结班组安全管理经验,结合工作、气候、环境等情况明确安全工作注意事项等。学习必须人员齐全,参加人员要签到,对缺席人员要补课,对无故不参加人员要考核。在学习讨论中发言要充分,参加人员要人人发言,展开讨论;学习时间要充足,每周一次,每次的具体时间可自定。"安全日"活动记录要翔实,包括活动时间、参加人员、缺席人员、主持人、活动主题、发言等。

(2)"安全日"活动内容要求

"安全日"活动是班组开展安全工作的最佳形式,"安全日"不仅是宣传上级有关安全生产及安全生产各类文件,加强员工法制观念、增强责任感,进行提高员工安全生产自觉性和自我保护意识教育的好机会,更是员工相互交流安全工作经验的平台。其主要内容包括:学习贯彻上级有关安全精神、安全指示和反事故措施;观看安全警示片,吸取本单位和兄弟单位的事故教训;反思、讨论防止事故发生的方法措施,并结合实际有重点地学习规程,讨论和探索班组安全文化建设方面的方法、要求、措施等。

(3)"安全日"活动的目的意义

通过有效地开展班组"安全日"活动,能及时地总结安全生产工作中的经验教训,增强员工的安全意识,进一步营造开展安全生产的氛围,改进安全工作方法,逐步提高班组的安全管理水平,对企业的安全生产起到积极的促进作用。

(4)"安全日"活动的实施

a. 事故反思。班组长或者轮值负责人组织员工联系现场实际学习通报、简报、事故快报等安全情况资料。通过案例分析、反思,吸取教训,对照实际

情况，找出现场存在的问题，在逐步培养组员从技术角度分析事故或异常的能力的同时，制定有针对性的防范措施。

b. 规章学习。班组长或者安全员组织员工学习安全规章制度、行为规范等有关规章制度。在学习中应结合实际，遵循"学以致用"的原则，深刻挖掘其丰富的内涵，这样就不会感到单调、枯燥。

c. 总结安全工作。在活动中分析总结上周的安全情况，包括人身、设备发生的不安全事件、不安全因素、隐患及违章行为等。对违章行为要分析其原因、危害，并提出整改措施，对好的做法和好人好事要肯定和表扬。

d. 安全文化建设。一是落实班组安全生产责任制；二是积极开展反"习惯性违章"活动及重大危险源辨识；三是建立健全班组安全管理规章制度；四是开展班组安全创新活动；五是在"安全日"梳理安全文化建设的成果。

e. 做好记录。设计好栏目齐全的安全日活动记录本，设立记录员，活动记录应规范、完整、真实。在活动内容栏内，要填写学习的主要内容，应有与会人员根据所学内容和围绕主持人提出的讨论题，联系本班组、本人的实际，讨论发言的简要记录，并有主持人对讲座、发言情况的讲评、总结记录。在存在问题栏内，要记录本班组安全方面存在的问题，特别是上周内本班组安全方面存在的问题，并记录对照学习相关规程的内容。在改进措施栏内，应记录本班组贯彻上级要求、吸取事故教训采取的措施，不安全问题的整改措施和下周安全工作的要求。

总之，班组每周开展一次"安全日"活动，能有效地促进班组安全文化建设，在"安全日"中通过事故反思、规章学习、安全文化活动梳理、安全工作总结等活动，能有效地吸取教训、总结经验，进而在今后的安全工作中和安全文化建设中取得新的成果。

83. 走动式管理助力班组安全文化建设

(1) 走动式管理的定义

所谓走动式管理即管理者/监督者挪动自己的身体，活用"智慧"，使

"体、心、智"融为一体,以发掘异常状态、掌握事实并解决问题。在身体方面:指我们的手、脚、耳、目,意味着挪动自己的双脚,定时或不定时地亲赴现场。一旦发现问题时更要采取"三现三即",即前往现场、即席观察、即早处理,以便做到"脚到、眼到、手到、耳到",而非空谈,唯有如此才能掌握事实。由事实出发,才能切中问题点并找出解决问题的办法。在智慧方面:应用"脑"巧思方案,采取有效对策。班组领导走动式管理见图4-7。

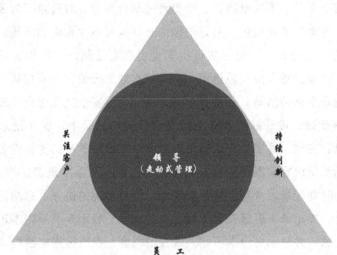

图4-7 班组领导走动式管理

贪图舒适的工作环境,肯定不会有好的工作效率。作为领导者,应多出去走动走动,深入基层,了解更多的知识与信息。作为领导者,不应滋长员工的惰性。

(2) 走动式管理的优点

a. 走动式管理是一种情感管理。在走动中了解员工,贴近员工,掌握员工的思想动态,沟通管理者与员工的感情,缩短了与员工的距离,建立管理者与员工的互动关系,凝聚了员工队伍,及时沟通了员工对企业价值观和经营理念的认同,使员工爱厂如爱家,形成一股内聚力。

b. 走动式管理是一种现场管理。深入实际,管理者就能第一时间掌握第一手资料,好的经验便于推广,存在的问题又能消灭于萌芽状态,管理者更能提高管理决策的科学性和正确性。

c. 走动式管理是一种领导艺术。时下越来越多的企业都在采用"走动式管理"这种特殊的内涵丰富的管理方式,更希望越来越多的管理者去深入学习和借鉴。因为走进生产经营一线,就是走到员工的心坎中,把措施指导于现场之中,感情沟通于关怀的点滴中。这种良好的互动,必将给我们企业带来生机和活力。

(3) 如何开展走动式管理

a. 领导带头,实现制度化。实施走动式管理是一个系统工程,必须从上而下,领导率先垂范,常抓不懈,具体工作制度化,要防止一阵风,克服形式主义。领导干部首先要成为"安全第一,预防为主,综合治理"方针的模范执行者,名副其实的"安全生产第一责任者"。一个好的领导干部的行为,能给员工带来信心和力量,用自己的示范作用和良好素质去激励员工的积极性,将走动式管理的理念植入人心,形成良好沟通氛围,形成持久的安全生产局面。

b. 一级带动一级,互相制约。一级带动一级,就是所谓"联动式",在动化管理中,主管要走动,部门经理要走动,总经理直辖的安监人员也要走动。从而形成互相监督、责任连带的互相制约机制。如果员工出现工作偏差受罚,主管、部门经理、班组长也要连带受罚。走动式管理使得各级人员在走动中自然实现关口前移、重心下沉、闭环控制、偏差管理,切实落实岗位责任制,实现安全生产可控在控。

c. 多了解多沟通,营造良好氛围。走动式管理不同于安全监督,也不同于安全检查,应把沟通作为头等大事,把收集信息作为主要工作内容,应多看、多听、多想、多记、多交流,少说、少骂、少罚、少训人,碰到违章违纪行为,应予以制止。更重要的是要多沟通,了解为什么会发生,当事人是怎么想的,应采取什么措施才能杜绝,如果只是一味地严厉处罚,断了沟通渠道,没有找到源头,制止了这一起,可能在其他地方、另一个时间还会重演。

总而言之,班组实行走动式安全管理,有助于班组安全文化建设的发展。走动式管理优点多,走动式管理实行制动化、一级带动一级、多了解、多沟通、敏锐观察,就能在班组安全管理和安全文化建设中大有可为。

84. 班组精细化安全管理有利于安全文化建设

(1) 人员管理的精细化

a. 民主管理,以理服人。有事要多同班组人员商量,征求班组人员的意见，征求班委会的意见，集思广益，不能一个人说了算。工作中出现了问题要主动承担责任，分析查找原因，要尊重员工，不以权势压人。

b. 注意沟通，以情感人。工作中有了矛盾，不要回避，要诚恳、耐心地去沟通交流，要注重团结那些对自己有意见的同志，员工有了困难要主动地、热心地帮助。

c. 要多注意发现优点，不要吝啬表扬。工作中不要只盯着员工的缺点，要注意发现优点，引导员工改正缺点。

d. 要培养员工树立班组的集体观念。班组的收入、荣誉取决于班组的每个成员，要树立团队意识，团结一心干好工作。

(2) 工作安排的精细化

a. 安排工作的计划性。班组长安排工作时，事先要对每一项工作任务胸有成竹，对每一位员工的技能、体力、身体健康状况有清晰的了解，这样才能在具体分工时，量才使用，量力而行，做到工作安排无遗漏，轻重分配恰当。

b. 安排工作的超前性。在日工作计划的基础上，还要有周工作计划、月工作计划，这样，管理人员就会胸有全局。超前的工作计划将为日后具体工作精细安排赢得主动。

c. 安排工作的周密性。材料准备是否齐全、工具携带是否齐全、措施是否传达、影响现场工作的外部因素是否解决等，都是十分重要。

d. 安排工作要量化。凡有量可计的工作，要有明确的数量计划，在做数字计划时，要估算每一个量化细部的劳动强度、劳动时间，确保每一个工作过程的劳动力布局合理，不窝工、不过量。

(3) 安全管理的精细化

a. 无条件地创造好生产条件和环境，保障员工在遵章作业的情况下不会发生安全事故。

b. 严格执行安全班评估制度，现场排查隐患，及时消除各种隐患。

c. 班组人员必须经过安全培训合格才能上岗，严格执行安全纪律、工艺要求、劳动纪律，各种原始记录做到标准化、规范化。

d. 材料、备件摆放整齐，各种工具器材实行定置化，做到物流有序，安全标志齐全，做到文明生产。

e. 岗位工艺技术规程、设备维护检修规程、安全技术规程齐全，班组有安全规章制度。

f. 班组在生产现场要做好各种信息的收集、传递、分析、处理工作，及时了解安全生产情况，及时处理生产中反映出的问题。

g. 在作业现场设置足够的安全标志牌和安全文化建设牌，时刻提醒员工该注意的事情，该记住的安全要求等。

h. 现场也必须有安全文化宣传内容的标语、口号和旗帜等。

总而言之，在基层生产班组实施精细化管理是一个动态、开放的系统工程，需要现场管理的班组长具有较高的自身素质、强烈的事业心和责任感，既要懂生产、精技术、通安全、熟管理，又要有一套灵活的工作方法。同时，在班组施行精细化管理，还要依靠上一级的职能部门及时地根据不同阶段、不同时期可能出现的新情况，淘汰过时的标准、制度，补充与时俱进的新标准、新制度。

85. 班组"六有"和"六无"管理，促进安全文化发展

(1) 班组安全管理"六有"

a. 安全有目标。企业里有90％以上的事故都发生在班组。因此，企业要针对这一普遍现象，结合班组的实际情况和人员特点，制定出班组安全管理的目标和要求，使班组成员在生产过程中做有要求、干有目标。

b. 管理有规章。要实施党政工团齐抓共管的安全管理体系，要编制严格的切实可行的安全管理规章，重奖重罚，执行安全生产在各项评比中的一票否决制，进一步强化班组人员的安全意识。

c. 操作有规程。班组人员要坚决执行岗位安全操作规程，对班组现有的岗位安全操作规程进行修改、增补，使规程更具有实用性和可操作性。

d. 检查有记录。对班组日常安全检查设置安全检查台账，其内容主要是本班组工艺与设备的事故预防控制要点，在检查中及时地将本班组查处的隐患进行记录和反馈，使检查真正发挥作用。

e. 考核有依据。对每个班组在月末都要进行一次全方位的考核。对班组生产任务完成情况、全员安全意识状态、查处隐患情况、杜绝"三违"行为以

及班组安全投入等都要进行考核。通过考核，使班组成员自我加压，自我激励，促进安全生产。

f. 班组有安全员。安全员是班组安全工作的保护神。安全员每天要参加班前安全教育，亲临作业现场查处隐患，堵塞漏洞，制止"三违"行为，切实发挥好安全员的作用。

(2) 班组安全管理"六无"

a. 生产无事故。在生产过程中，要不断强化班组人员的安全意识，增强其自我保护能力，建立完善的安全网络，严格执行安全规程，真正做到"四不伤害"，远离事故，保证生产安全顺利进行。

b. 作业无"三违"。要加强对班组人员的安全教育，明白"违章指挥就是杀人，违章作业就是自杀"的道理，积极采取多种形式加大对"三违"行为的查处，营造良好安全氛围。

c. 设备无缺陷。要求班组人员在生产过程中严格执行"安全生产确认制"，在班前、班后对使用的设备实行报告制度，以彻底消除设备的不安全状态，使设备安全完好运行。

d. 环境无隐患。生产作业环境对安全生产的影响至关重要。要加强对生产过程中噪声的控制；实施全方位的照明；完善工作现场的定置管理；设置必要的安全通道和安全出口等，真正做到作业环境无隐患。

e. 制度无缺失。规章制度是班组作业人员安全生产的生命线和保护伞。通过在生产实践中不断地总结和完善，制度要更加完善，更加具体，更加有适用性；同时对新增设的工种、岗位要及时制定规章制度，避免出现安全漏洞。

f. 教育无遗漏。新上岗员工严格履行公司、车间、班组的三级安全教育，内容要全面、具体。通过生产过程中不间断的安全教育活动，使班组全体人员认识到自己在安全生产中的地位和作用，遵章守纪，保证安全，真正做到"高高兴兴上班来，平平安安回家去"。

(3) "六有"和"六无"的关系

"六有"和"六无"是紧密联系、一脉相承的。只有做到了"六有"才能达到"六无"。"六无"是条件，"六有"是结果，"六有"和"六无"是血肉相连的，是文化相承的，是自然而然和必然发展的。有安全目标，才能有奋斗的希望；有安全规章，才能有办事的章程；有安全规程，才能有操作的依据；有安全检查记录，才能有对照和提高；有安全考核依据，才能做到奖罚分明；有班组安全员,班组安全工作才有专人负责。班组无事故,才是安全生产的最终目的;班组无"三违",才是安全行为的最终表现;设备无缺陷,才能保证安全运行;班组无隐患,才能从根本上消除产生事故的温床;班组安全制度无缺失,才能保证执行制度全覆盖;班组安全教育无遗漏,才是安全教育做到满的百分率。做到"六有"和"六无"能够保证班组的安全生产,也能够使班组安全文化建设顺利进行。

86. 班组看板管理与"安全文化墙"管理一脉相承

(1) 目的意义

一是传递现场的生产信息,统一思想。二是杜绝现场管理中的漏洞。三是绩效考核的公平化、透明化。四是保证生产现场作业秩序,提升公司形象。看板管理示例见图 4-8。

图 4-8 看板管理示例

(2) 看板类型

a. 三角形看板。三角形看板主要为"5S"管理服务。看板内容主要标示各种物品的名称,如成品区、半成品区、原材料区等,将看板统一放置在现场划分好的区域内的固定位置。

b. 设备看板。设备看板可粘贴于设备上,也可在不影响人流、物流及作业的情况下放置于设备周边合适的位置。设备看板的内容包括设备的基本情况、点检情况、点检部位示意图、主要故障处理程序、管理职责等内容。

c. 品质看板。品质看板的主要内容有生产现场每日、每周、每月的品质状况分析、品质趋势图、品质事故的件数及说明、员工的技能状况、部门方针等。

d. 生产管理看板。生产管理看板的内容包括作业计划、计划的完成率、生产作业进度、设备运行与维护状况、车间的组织结构等内容。

e. 工序管理看板。工序管理看板主要指车间内在工序之间使用的看板,如取料(下料)看板、发货看板等。

取料(下料)看板:主要位于车间的各工序之间,其内容主要包括工序序号、工序名称、工序操作者、下料时间、数量、完工时间、首检等。

发货看板:主要位于生产车间,其内容主要包括工序序号、小组名称、产品完成日期、发货日期、收货客户等内容。

(3) 看板功能

一是工作指令。二是防止过量生产。三是目视管理。四是改善的工具。看板的改善功能主要通过减少看板显示的数量来实现。看板显示的数量的减少意味着工序间在制品库存量的减少。如果在制品存量较高,即使设备出现故障、不良产品数目增加,也不会影响到后工序的生产,所以容易掩盖问题。在JIT[❶]生产方式中,通过不断减少数量来减少在制品库存,就使得上述问题不可能被无视。这样通过改善活动不仅解决了问题,还使生产线的"体质"得到了加强。

(4) 看板的使用方法

看板有若干种类,因而看板的使用方法也不尽相同。如果不周密地制定看板的使用方法,生产就无法正常进行,我们从看板的使用方法上可以进一步领会JIT生产方式的独特性。在使用看板时,每一个传送看板只对应一种零部

---

❶ JIT(Just In Time)准时生产方式。起源于日本的丰田公司。JIT生产方式是以降低成本为基本目的。在生产系统的各个环节全面展开的一种使生产有效进行的新型生产方式。看板管理工具犹如巧妙连接各道工序的神经在生产中发挥着重要作用。

件，每种零部件总是存放在规定的、相应的容器内。因此，每个传送看板对应的容器也是一定的。

a. 工序内看板的使用方法。工序内看板的使用方法中，最重要的一点是看板必须随实物即与产品一起移动。后工序来领取中间品时摘下挂在产品上的工序内看板，然后挂上领取用的工序间看板。该工序然后按照看板被摘下的顺序以及这些看板所显示的数量进行生产，如果摘下的看板显示的数量变为零，则停止生产，这样既不会延误也不会产生过量的库存。

b. 信号看板的使用方法。信号看板挂在成批制作出的产品上面。如果该批产品的数量减少到基准数时就摘下看板，送回到生产工序，然后生产工序按照该看板的指示开始生产。没有摘牌则说明数量足够，不需要再生产。

c. 工序间看板的使用方法。工序间看板挂在从前工序领来的零部件的箱子上，当该零部件被使用时，取下看板，放到设置在作业场地的看板回收箱内。看板回收箱中的工序间看板所表示的意思是"该零件已被使用，请补充"。现场管理人员定时来回收看板，集中起来后再分送到各个相应的前工序，以便领取需要补充的零部件。

d. 外协看板的使用方法。外协看板的摘下和回收与工序间看板基本相同。回收以后按各协作厂家分开，等各协作厂家来送货时由他们带回去，成为该厂下次生产的生产指示。在这种情况下，该批产品的进货至少将会延迟一回以上。因此，需要按照延迟的回数发行相应的看板数量，这样就能够做到按照JIT进行循环。

总之，看板管理对安全生产和安全文化建设都有促进和保障作用，是班组安全生产的有效方法。班组看板管理的功能和作用与班组"安全文化墙"的作用和功能是一脉相承的，班组在安全文化建设中可交替使用，也可同时使用。

87. 班组目视化管理的文化功能

目视化管理从直观角度出发，对现场进行优化改进，使得现场一目了然。现场管理水平的高低可以直接反映出企业经营情况的好坏。现场改善是现场管理的深化，通过目视化管理，对生产现场的人员、设备、物料、作业方法、生产环境等各生产要素进行持续的改善。

(1) 深入了解目视化管理

要对安全目视化管理有深入的了解，否则开展工作就成了"东施效颦"，根本达不到目视化管理的目的。对于目视化管理的学习，可以采用多种多样的形式，一个是到目视化管理相对比较成熟的企业、班组进行现场参观、了解，立体理解目视化管理。另外就是充分利用网络查看关于目视化管理的各个方面的资料，通过学习目视化管理理念，再结合我们自身工作特点、场地特点等，建立适合本岗位的目视化管理模式，这样才能够更好地达到目视化管理效果。班组安全生产工作中开展目视化管理具有安全文化的功能。

(2) 做好目视化管理动员工作

做好目视化管理的动员工作，让每一位成员都要了解目视化管理的意义在哪里，一定要做到全员认同、全员支持、全员参与，目视化管理才能够有效、长远地实施下去。那么如何做好目视化管理的动员工作，如何能使全员参与进来呢？一是将什么是目视化管理，目视化管理在先进企业所产生的效果、效益告知班组成员。讲述的内容一定要立体，要拿数据说话，要以真实案例作为依据，让班组成员意识到目视化管理的意义；二是在实施目视化管理过程中，不能独断独行，对于各项计划的实施必须通过班组成员全体讨论，同意后方可进行，要避免实施的不科学、不合理。这样，才能使员工在思想上、文化上产生认同感，才能把目视化工作落实到位。目视化管理见图4-9。

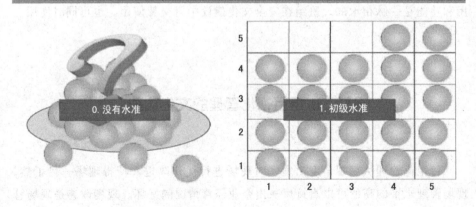

图4-9 目视化管理

(3) 目视化管理的开展

开展目视化管理就是要将目视化管理循序渐进地开展，不能急于求成。俗话讲"一口吃不出一个胖子"，想要把目视化管理工作做好，做出成效，不是一件简单的事情，也不是一下子就能够完成的。一个企业全面实施目视化管理工作要通过长时间才能使员工形成习惯。想要做好目视化管理，就要首先做好定制管理，在定制管理的基础上逐步进行看板管理、颜色管理以及识别管理，把每项工作都做到实处，充分结合实际。

总之，目视化管理从直观角度出发，对现场进行优化改进，使得现场一目了然。而生产现场是企业直接创造效益的场所，是企业所有信息的原始发源地，也是各种问题萌芽产生的场所，现场管理水平的高低可以直接反映出企业经营情况的好坏。现场改善是现场管理的深化，通过目视化管理，增进以顾客满意为目标，使用持续改善理论对生产现场的人员、设备、物料、作业方法、生产环境等各生产要素进行持续的改善，实现各生产要素的合理配置，从而减少生产过程中的浪费，降低生产成本，提高生产效率和产品质量。

88. 定置管理是班组安全文化建设的物质基础

(1) 基本内容

定置管理是对生产现场中的人、物、场所三者之间的关系进行科学的分析研究，使之达到最佳结合状态的一种管理方法。它以物在场所的科学定置为前提，以完整的信息系统为媒介，以实现人和物的有效结合为目的，通过对生产现场的整理、整顿，把生产中不需要的物品清除掉，把需要的物品放在规定位置上，使其随手可得，促进生产现场管理文明化、科学化，达到高效生产、优质生产、安全生产。定置管理是"6S"活动的一项基本内容，是"6S"活动的深入和发展。定置管理是班组安全文化建设的物质基础。

(2) 工厂定置

工厂定置包括生产区和生活区。生产区包括总厂、分厂（车间）、库房定置。如总厂定置包括分厂、车间界限划分，大件报废物摆放，改造厂房拆除物质的临时存放、垃圾区、车辆停放等。分厂车间定置包括工段、工位、机器设备、工作台、工具箱、更衣箱等。库房定置包括货架、箱柜、贮存容器等。生活区定置包括道路建设、福利设施、园林修造、环境美化等。

a. 现场定置

现场定置包括毛坯区、半成品区、成品区、返修区、废品区、易燃易爆污染物停放区等。可移动物包括劳动对象物定置（如原材料、半成品、在制品等）；工卡、量具的定置（如工具、量具、胎具、工艺文件、图纸等）；废弃物的定置（如废品、杂物等）。按照人与物有效结合的程度，可将人与物的结合归纳为 A、B、C 三种基本状态。

A 状态，表现为人与物处于能够立即结合并发挥效能的状态。例如，操作者使用的各种工具，由于摆放地点合理而且固定，当操作者需要时能立即拿到或做到得心应手。

B 状态，表现为人与物处于相互寻找的状态，或还不能很好发挥效能的状态。例如，一个操作者要加工一个零件，需要使用某种工具，但由于现场杂乱或忘记了这一工具放在何处，结果因寻找而浪费了时间；又如，由于半成品堆放不合理，散放在地上，加工时每次都需弯腰，一个个地捡起来，既影响了工时，又加大了劳动强度。

C 状态，是指人与物没有联系的状态。这种物品与生产无关，不需要人去同该物结合。例如，生产现场中存在的已报废的设备、工具、模具，生产中产生的垃圾、废品、切屑等。这些物品放在现场，必将占用作业面积，而且影响操作者的工作效率和安全。

因此，定置管理就是要通过相应的设计、改进和控制，消除 C 状态，改进 B 状态，使之都成为 A 状态，并长期保持下去。定置化管理见图 4-10。

人与物的结合，需要有四个信息媒介物。

第一个信息媒介物是位置台账的标记，它表明"该物在何处"。通过查看位置台账，可以了解所需物品的存放场所。

第二个信息媒介物是平面布置图，它表明"该处在哪里"。在平面布置图上可以看到物品存放场所的具体位置。

第三个信息媒介物是场所标志，它表明"这儿就是该处"。它是指物品存放场所的标志，通常用名称、图示、编号等表示。

第四个信息媒介物是现货标示，它表明"此物即该物"。它是物品的自我标示，一般用各种标牌表示，标牌上有货物本身的名称及有关事项。

第四章 班组安全文化建设操作方法

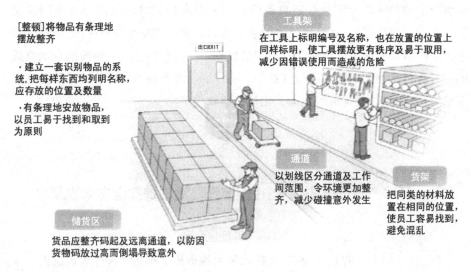

图 4-10 定置化管理

在寻找物品的过程中，人们通过第一个、第二个媒介物，被引导到目的场所。因此，称第一个、第二个媒介物为引导媒介物。再通过第三个、第四个媒介物来确认需要寻找的物品。因此，称第三个、第四个媒介物为确认媒介物。人与物结合的这四个信息媒介物缺一不可。建立人与物之间的连接信息，是定置管理这一管理技术的特色。是否能按照定置管理的要求，认真地建立、健全连接信息系统，并形成通畅的信息流，有效地引导和控制物流，是推行定置管理成败的关键。

b. 工作程序

• 准备阶段：建立定置管理工作领导小组；制订工作计划；抓紧培训工作；广泛地发动和依靠员工。

• 设计阶段：现场调查，分析问题；制定定置标准；绘制定置图。

• 实施阶段：（注意的问题）领导始终要身先士卒，带头贯彻执行，这是开展定置管理的关键。员工看领导，领导有多大信心、决心，员工就会有多大的信心和决心。全面发动，依靠员工。严格按定置图进行科学定置，不能走过场。自查、验收，要高标准严格要求。

• 巩固提高阶段：开展教育；加强日常检查与考核；发挥专业部门的作用；做好定置管理的深化工作。

总之，班组实行定置管理，这个定置管理中的"定置"不是一般意义上字面理解的"把物品固定地放置"。它的特定含义是：根据生产活动的目的，考虑生产活动的效率、质量等制约条件和物品自身的特殊的要求（如时间、质量、数量、流程等），划分出适当的放置场所，确定物品在场所中的放置状态，作为生产活动主体人与物品联系的信息媒介，从而有利于人、物的结合，有效地进行生产活动。对物品进行有目的、有计划、有方法的科学放置，称为现场物品的"定置"。它是班组安全文化建设的物质基础。

89. 开展"重视一伸手，防止误操作"活动是安全文化的深化

"重视一伸手，防止误操作"，在已发生的事故中排除设备等客观原因，人为的误操作原因占了很大比例。所以我们要通过"重视一伸手"来制定防范、消减措施以减少人为的误操作。

(1) 培养班组员工的技术能力

a. 提高操作技能。它包括熟悉《安全规程》、两票的规定，能够正确地在一定时间内熟练地填写各种操作票；熟知工作票要求操作的全过程，正确、规范地办理工作票；能够在实际工作中规范化地进行各种倒闸操作。

b. 培养事故处理的应变能力。事故的发生是突发性的，而且伴有许多不正常的工作状态，如果没有良好的应变能力，就可能在处理事故时发生误判断、误操作，造成事故扩大。如慌乱中走错间隔，发生带负荷拉刀闸、发生开错阀门、关错阀门、送错物料等。

c. 提高对设备的简单维护、保养能力。员工应自觉学习，在意识上、思想上由"要我学习"变为"我要学习"，不断提高自身的技术水平，生产中也就多了一道安全屏障。

(2) 完善防误闭锁装置，加强防误操作装置的管理

防误闭锁装置是防止误操作事故的强制性技术措施。当人为因素造成失误时，如果有完善、可靠的防误闭锁装置是可以防止误操作事故发生的。

在生产装置上安装防误或可靠的机械闭锁装置，要根据防误装置管理规定，结合现场具体情况完善防止误操作措施，完善对临时接地线的防误措施。对电气、机械防误闭锁装置使用情况进行调查汇总，从组织措施与技术措施方

面逐步加以完善。

升级综合自动化软件。对于综合自动化现场,"禁止合闸,有人工作"标示牌的悬挂位置应该在监控机主画面上,而不是检修现场,因为综合自动化现场开关遥控操作,挂在检修现场对变电站值班员失去了警示作用。必须升级综合自动化软件,使之具有显示标示牌和接地线的功能。

(3) 防范习惯性违章的策略

a. 抓好班组管理。班组是企业的"细胞",既是安全管理的重点,也是创建"安全先进班组"和反习惯性违章与反事故斗争的主要阵地。因此,企业班组要真正使习惯性违章销声匿迹,抓好班组的管理无疑是重中之重。一要抓好日常安全意识教育,提高员工自觉遵章守纪、自我保护的意识。二要抓好岗位培训,安全培训做到理论学习与现场实际相结合、安全责任与现场管理相结合、反习惯性违章与反事故斗争相结合。三要开好班前会,重点抓好班前会和现场工作危险点分析。四要建立班组联防互控制,最大限度地扼制违章现象的发生。

b. 现场管理是重点。要抓好现场安全管理,安监人员要经常深入现场,不放过每一个细节。要认真落实"四个凡事",即:凡事有人负责,凡事有章可循,凡事有人监督,凡事有据可查。在生产一线查找习惯性违章疏而不漏,纠违章铁面无私,抓防范举一反三,搞管理出新招,居安思危,防患于未然,把各类事故消灭在萌芽状态,确保安全生产顺利进行。同时,应加强现场作业环境的管理,不断改善作业条件,保障员工的人身安全。

c. 加强工作责任心。安全生产的三大要素是:人的素质,规章健全,设备健康。其中人是关键。一个人如果没有工作责任心,即使文凭再高,技术再熟练,规章制度再了解,作业计划书、指导书写得滴水不漏,也难保不出事故,因为人的作业行为不仅受其技术水平的影响,还受其思想认识和心理活动的支配。习惯性违章是人的一种有意差错,是明知故犯。

d. 大力推行标准化、规范化作业。标准化作业是在有关规程的指导下,从工作准备到实施的每一个具体步骤和操作方式都纳入规范化的轨道,大大减少了随意作业的机会,是防止员工违章和伤亡事故的有效措施。

综上所述,为防止误操作事故的发生:要不断提高运行人员的技术素质;运行值班人员要严格执行各项管理制度,在操作中认真严格执行各项规程和制度,严格执行"操作票"制度,以高度责任心对待每一项操作;正确使用防误闭锁装置，使之发挥更大作用。这样我们就能避免误操作事故的发生，确保操作的安全可靠运行。

总之，"重视一伸手，防止误操作"是衡量一个员工安全文化水平的标志，员工在操作中处处注意"一伸手"，保证不出现误操作，是安全文化素质的深化。特别是现代企业自动化水平较高，安全联锁、安全控制使用比较普遍，"重视一伸手，防止误操作"已是安全生产必不可少的操作要领，也是员工安全文化的具体体现。

90. 精细化安全管理促进安全文化建设

(1) 认识精细化，关注重点和细微

首先，对"精细化管理"要从思想上重视它，积极接受它。对自身来说，精细能体现个人的精准、细心的工作作风，能培养个人严谨扎实的工作风格，对待工作高标准、严要求，努力做到尽善尽美、精益求精。精细不是小气，是一种深度、一种拓展。它能培养人的一种深层次的文化，延伸成为个人的内在气质、工作习惯和素养，为以后工作、生活铺就平坦的路。对于企业精细化管理来说，它是企业为适应集约化和规模化生产方式，建立目标细分、标准细分、任务细分、流程细分，实施精确计划、精确决策、精确控制、精确考核的一种科学管理模式。在管理上"精雕细琢"，充分调动员工的积极性，运用现代管理手段和方法，把技术管理、设备管理、安全管理、劳动管理、经济分析等抓细抓实，做到"细"。对工作过程，做到严谨、周密和细微，如工作的规范流程、计划方案、技术标准等；对工作结果的完美、有效和最佳，如规范流程的高效性、方案的效益性、技术指标的准确性等都做到"精"。

其次，应当正面认识"精细化管理"的内涵。第一，加强精细化管理，在保证安全生产的前提下，有效扩大生产，保持可持续发展。第二，加强精细化管理，要通过必要、合理和有效的控制，保证良好的质量和到位的服务，提高管理效率，降低管理成本，创出效益。管理成本在所有工作中都存在，但是并不被人们所清晰认识。同样的工作，没有效率和效益，实际上是在浪费管理成本，而且是持续的浪费。但如果我们能认识和了解低效率和低效益的关键所

在，关注重点和细微，完善流程并予以控制，责任到位，看似在增加工作量、增加投入、增加成本，但只要产生质变的结果，产出有价值的效益，实际上是降低了相对管理成本。第三，加强精细化管理，强调和提升价值的创造能力。我们通过实施"6H"❶管理活动这一举措，使设备管理、安全管理、基础管理、质量管理等都得以提升，充分说明推动了精细化管理和实施精细化的创造性和效益。

(2) 有序管理健全制度逐步推行班组精细化

有序管理的重点是先"理"后"管"。管理工作先淡化"管"的意识，包括权利和约束，通过梳理自己负责的工作内容，明确职责，掌握正确的工作方法，建立规范的工作流程，寻找工作和服务上的差距，并采用循序渐进的方式做细、求精。用精细化管理审视低效率、低效益的日常工作，并根据重要性和影响面确定改善的内容和目标，寻求突破点。因为，任何一项新工作、新任务、新项目、新技术、新工艺，都应当全新地将精细化管理灌入其中，确立新方法，建立新标准。方法和标准，就要依靠健全的制度、规范的标准制度，这不仅是指导，更重要的是约束和规范人的行为，并提升成为精细化管理工作的基础保障。从健全制度、夯实基础管理、统一标准着手，不断提高管理者的预测和控制能力，不断向精确的目标靠近。

(3) 班组"精细化管理"要有长久性

长久而坚定地实施精细化管理，应当有严格、可操作、有效的监督手段，否则会影响执行效果的评判。在"精细化管理"整个系统过程中，我们还应当及时地挖掘和发现执行中存在的问题，探索好的解决方法，科学持久地改进，将决定的事做正确。推进精细化管理，既是对传统粗放管理工作的警示，也是对发展新阶段管理工作提出的更高要求和标准。搞精细化不是形式，而应当付诸行动中，不断学习，不断提高，使精细化管理成为我们共同的自觉思维和行为，并不断完善和发展精细化管理的内涵，使之持久化，真正改善管理工作、改善工作方法，适应竞争和发展环境的变化。

(4) 运用"精细化管理"，提升班组具体工作质量

a. 安全管理实施精细化。一是要加大安全监督、检查的力度，及时排查

---

❶ 6H 是在设备管理中造成物的不安全状态的 6 个源头。即：污染源、清扫困难源、故障源、浪费源、缺陷源、危险源。

和消除事故隐患，认真分析各种生产事故，吸取教训，举一反三，全面检查安全责任是否落实到位、安全措施是否得力、事故隐患是否存在、"四不放过"是否真正做到位等。扎扎实实地抓好安全工作，长期坚持查"六源"活动，并形成PDCA的闭环控制，确保安全生产过程的"细"与"实"。二是班组安全管理的精细化，重点内容在现场管理。

b. 技术管理实施精细化。第一，在设备改造方面，坚持科技创新、挖潜改造，进行小改小革。以"小、实、活、新"为原则，开展"QC"现场攻关活动，解决设备中存在的先天不足和薄弱环节，提高设备的安全可靠性。第二，积极推广和应用新技术、新工艺、新设备，实现增产节资，控制费用，降低成本，促进技术进步。第三，在对外委托的设备改造施工中，要针对工程特点，组建项目团队，应用项目管理的四步法（启动、计划、实施跟踪与控制、收尾）进行项目管理，只有建立完整的组织措施，保证施工改造的有序进行，同时形成系统化的项目管理方法，才能提升技术管理水平。

c. 基础管理实施精细化。管理说到底是如何完成任务、创造效益。基础管理的扎实与否，直接影响着班组整体管理水平。第一，必须依"三标一体"的具体要求，本着"标准化、规范化、科学化"的原则，尽量在基础工作的编制和整理上体现其"合理、实用、简洁"的特性，力求满足实际生产工作的需要，有利于生产管理，尽量避免形式化的东西，虚心学习和改进不足，结合班组实际情况不断整改和细化基础工作，使班组基础管理更加完善并真正发挥作用。第二，夯实基础资料，班组对所辖设备的技术资料要做到精细。设备系统图册要随系统的变化随时更改；备品配件清册要随着设备的更新改造及时更新；设备台账、技术报告等要分类保存、定置管理；设备历史记录要齐全、历史数据要准确，做到心中有数等。

91. 班前会和班后会要注入文化内涵

班组在每日工作的开始实施阶段和结束总结阶段，应自始至终地认真贯彻"五同时"，即班组长在计划、布置、检查、总结、考核生产任务的同时，计划、布置、检查、总结、考核安全工作，即把安全指标与生产指标一起进行检查考核。认真开好班前会和班后会,将安全工作列为班前会、班后会的重点内容,做到一日安全工作程序化,即班前布置安全、班后检查安全。经验证明,班前会、班后会取得的成效与否是班组安全管理水平的一个显著标志,对于防止事故发生会有重要作用。

(1) 怎样开好班前会

班前会是班组长根据当天的工作任务,结合本班组的人员(人数、各人的安全操作水平、安全思想稳定性)、物力(原材料、作业机具、安全用具)和现场条件、工作环境等,在工作开始前召开的班组会。为使班前会开得卓有成效,应注意以下几点。

a. 明确班前会的特点。班组长在向班组成员布置当天生产任务时布置安全工作。其主要特点是时间短、内容集中、针对性强。它既区别于事故分析会,也不同于安全活动日。

b. 明确班前会的内容。一般应包括:交代当天的工作任务,做出分工,指定负责人和监护人;告知作业环境的情况;讲解使用的机械设备和工器具的性能和操作技术;做好危险点分析,告知可能发生事故的环节、部位和应采取的防护措施;检查督促班组成员正确地穿戴和使用防护用品用具。班组长要对这些内容逐项地交代清楚;对班组成员提出的疑问,要耐心地加以解释,使班组成员明白应该怎样做、不应该怎样做。

c. 做好会前准备工作。班前会是一种分析预测活动。要使之符合实际,具有针对性和预见性,就需要班组长在会前动一番脑筋。为此,班组长每天要提前到岗,查看上一班的工作记录,听取上一班班组长的交班情况,了解设备运行状况(有无异常现象和缺陷存在、是否进行过检修等),并进行现场巡回检查。班组长还要对当前的生产任务、相应的安全措施、需使用的安全工器具等心中有数,对承担工作任务的班组成员的技术能力、责任心有足够的了解。

d. 跟踪验证。班组长在作业前交代的有关安全事项是否正确,必须在作业中去考察验证。符合实际的,要坚持下去;不符合实际的,要及时纠正;没有考虑到的,要重新考虑进去。对因故没有参加班前会的个别班组成员,班组长事后应对此人补课交底,防止发生意外。

(2) 怎样开好班后会

班后会是一天工作结束或告一段落,在下班前由班组长主持召开的班组会。班后会需注意以下几点。

a. 把握好方式方法。班后会与班前会所采取的方式和要解决的重点问题是不同的。班前会是以思想动员的方式，对即将作业的安全工作进行分析预测，以便防患于未然。班后会则是以讲评的方式，对已经完成生产过程中的安全工作情况进行总结、检查，并提出整改意见。班前会是班后会的前提和基础，班后会是班前会的继续和发展。

b. 明确班后会的内容一般包括：简明扼要地小结完成当天任务和执行安全规程的情况，既要肯定好的方面，又要找出存在的问题和不足；对工作中认真执行规章制度、表现突出的班组成员进行表扬，对违章指挥、违章作业的人员视情节轻重和造成后果的大小，提出批评或处罚；提出整改意见和防范措施。班后会鲜明的特点是能够及时发现问题和解决问题，针对性强、见效快。

c. 有的放矢，做好准备。班组长要全面、准确地了解当天的工作情况，特别要把发现的不安全现象或造成的事故作为掌握的重点，在详细了解的基础上形成要点，使班后会的总结评比具有很强的说服力。同时还要注意班后会讲评的方法，调动班组成员安全工作的积极性，增强自我保护意识和能力，帮助班组成员端正认识，克服消极情绪，达到安全生产的共同目的。

92. 班组"一班三检"制的运用是安全文化的表现

(1) 怎样开展"一班三检"制

"一班三检"制是指按安全检查制度的有关规定，每天都进行的、贯穿于生产过程中的检查。主要是通过班组长、工会小组劳动保护检查员、班组安全员及操作者的现场检查以发现生产过程中一切物的不安全状态和人的不安全行为。目前，很多班组实行"一班三检"制，即班前、班中、班后安全检查。"班前查安全，思想添根弦；班中查安全，操作保平安；班后查安全，警钟鸣不断"，这句话充分说明了"一班三检"制的意义和重要性。因此，班组即使面临的生产任务再重、时间再紧，也必须把"一班三检"制坚持好。

(2) "一班三检"的方法和手段

安全检查是运用安全系统工程的原理，对系统中影响安全的有关要素逐项进行检查的一种方法。

a. 安全检查表的填写。安全检查表的填写一般采用提问方式，即以"是"或"否"来回答。"是"表示符合要求，"否"表示存在问题、有待进一步改进。检查表内容要具体、细致，条理清楚，重点突出。表中应列举需要查明的所有可能导致伤亡事故的不安全状态和行为，将其列为问题，并在每个提问后面设改进措施栏。

b. 安全检查表的编制。安全检查表可以按生产系统、班组编写，也可以按专题编写。在编制安全检查表时，要做到依据准确，即让检查表在内容上和实际运用中均能达到科学、合理，并符合法律要求。检查表内容必须符合检查对象的实际情况，切忌生搬硬套，流于形式。

安全检查表要突出重点，即要把经常出现事故隐患、最容易发生事故的项目作为重点；主次分明，即对检查项目按照可能存在的危险程度，分为必检项目、评价项目、一般检查项目、经常检查项目。做到先主后次，重点突出，要求具体。

c. 安全检查。检查是手段，目的在于及时发现问题、解决问题。应该在检查过程中或检查以后，发动群众及时整改。整改应实行"三定"（定措施、定时间、定负责人），"四不推"（班组能解决的，不推到工段；工段能解决的，不推到车间；车间能解决的，不推到厂；厂能解决的，不推到上级）。对于一些长期危害员工安全健康的重大隐患，整改措施应件件有交代，条条有着落。为了督促各单位事故隐患整改工作的落实，应对存在事故隐患的单位下发《事故隐患整改通知书》的方式，指定其限期整改。

总之，在班组安全文化建设中，通过安全检查就是要对影响正常生产的各种物与人的因素，进行深入细致的调查和研究，发现不安全因素，及时消除。安全检查的目的在于发现和消除事故隐患，也就是把可能发生的各种事故消灭在萌芽状态，做到防患于未然。这为班组安全文化建设奠定了扎实的基础。

93. 危险预知活动是班组安全文化建设的主要内容

危险预知活动，从心理学讲，是一种逆向思维，是从可能发生的后果去提醒人们注意。因为讲"危险"比讲"安全"更直观具体，更有针对性、刺激性，更易被员工接受，更易引起员工的注意，从而更能增强员工的责任感和安全意识。

(1) 班组危险预知活动的内容

通过危险预知活动，应明确几个问题：作业地点、作业人员、作业时间；作业现场状况；事故原因分析；潜在的事故模式；填写"作业安全措施票"；危险控制措施落实。

(2) 危险预知活动程序

发现问题；研究重点；提出措施；制定对策；监督落实。

(3) 组织班组危险预知分析须注意的问题

a. 做好宣传教育，注重激励作用。班组要根据危险点辨识的结果，即实施结果，开展好考评活动，及时推广危险点分析活动中好的典型。

b. 班组长要事先准备。活动前班组长要对所进行课题的主要内容进行初步准备，以便活动时心中有数，进行引导性发言，节约活动时间，提高活动质量。

c. 全员参加。要充分发挥集体智慧，调动群众积极性，使大家在活动中受到教育。危险预知活动应在活跃的气氛中进行，不能一言堂，应让所有组员有充分发表意见的机会。

d. 危险点分析形式要直观、多样化。班组长可结合岗位作业状况，画一些作业示意图，便于大家分析讨论，或在作业现场进行直观的、更有效的分析，也可随着作业现场环境、条件的变化，对危险点进行动态的分析。

e. 抓好危险预知分析结果"作业安全措施票"的审查和整理。"作业安全措施票"制度实施一段时间后，车间要组织有关人员对认为已形成典型的、标准化的"作业安全措施票"进行系统审查、修改和完善，使其真正成为规范、标准的典型"措施票"，作为作业现场保证人身安全工作的依据。

总之，危险预知是保障班组安全生产的有效方法，集中体现了"预防为主"的安全生产方针，是安全文化的深化和发展。它体现了文化活动和文化知识在员工头脑中的存量，也体现了这些文化和知识的运用程度。它是班组安全文化建设必不可少的，甚至可以说"危险预知"是班组安全文化建设的主要内容。

94. 班组安全"十字经"包含着安全文化

班组安全管理工作的成效如何,直接关系到一个单位的安全生产状况。企业在长期抓班组安全管理实践中总结出班组"十字经"管理法,其具体内容如下。

(1) 快

做到一个"快"字。对车间及上级关于安全工作的文件及指示精神尽快在班组里传达,及时掌握理解,对员工要及时传达、及时认识,认识深决心就大,自觉性也就越高;对现场中发现问题要处理得快;查出事故隐患要整改得快;对本班组出现"三违"人员要制止批评教育得快;安全生产情况要汇报得快。

(2) 准

立足一个"准"字。个人动态有标准,作业行为守规程,在现场工作中时刻以动态达标的要求进行组织生产,高标准、高质量地完成各项任务工作,为下一班的工作开展创建一个良好的环境。

(3) 严

狠抓一个"严"字。现场工作上讲求严密,使事故无可乘之机;态度上要严肃,抓安全毫不放松,以"三铁"的精神抓好班组安全生产;标准上要严格,抓规程、措施作业一丝一毫不含糊;在行为上要严于律己,以身作则做表率。

(4) 查

坚持一个"查"字。坚持做到班前互相确认检查制,班中现场巡查制,查现场各种不安全因素,查人的思想动态,随时掌握员工的思想动态,及时消除各种不安全因素,把不稳定、不安全的因素消灭在萌芽状态,确保本班组每一天都能安全顺利地完成任务。

(5) 学

突出一个"学"字。通过周一安全活动日、周二技术课、周四政治学习，提高个人安全思想意识，增强班组的群体安全素质和安全责任感，深入学习《安全规程》《操作规程》和《作业规程》"三大规程"，并及时学好各项安全技术措施。在现场安排工作任务中做到"以老带新，以新帮老"，在现场工作中做到"学中帮，帮中学"，确保安全的同时，班组业务技能水平也得以不断地提高，最终达到共同进步。同时，学习新的安全技术、新的安全理念、新的安全管理方法及文化知识，这些都是安全文化的重要内容。

(6) 细

深化一个"细"字。细在现场安全责任制上，细在执行规章制度上，细在操作标准上，细在班组建设上，细在每一项作业环节和每一道工序上，在班组管理中力求做到一切按标准、规章、规程、措施办事。作为生产现场的指挥者和组织者，要把"细"贯穿在各项工作中，凡事要亲自过目，工序之间的巡查要细，做到"一岗一责、人人有责"、监督管理、隐患排查处理同时到位。细节决定成败，细节产生于丰厚的文化和知识之中，它是安全文化的精髓，因此，班组安全的各个方面都要求细节做得好，细节也是安全文化丰富的内涵。

(7) 全

贯彻一个"全"字。上岗前全员进行交流、安全宣誓，将员工队伍中那些业务技术过硬、道德修养高、积极肯干、有一定的现场协调能力的员工作为班组的培养对象。要有意识、有主题地去培养，使其自觉地锻炼自己的技能，提高自己的操作水平，从而不断提高班组水平，更好地为班组安全生产、和谐发展献计献策。

(8) 实

落实一个"实"字。将安全预防措施落到实处，确确实实落实到各工种、各岗位，实事求是搞好安全生产。让员工反复学习操作技术规程、安全措施，对每位员工工作进行详细的安排，严格按照规程要求操作，使其将自己的本领和技能展现出来。

(9) 多

保持一个"多"字。在现场生产活动中多留一份神、多提一个醒。对易发事故的区域和岗位,在工作中力求多一点确认、多一些查看,进而达到多一处预防、多一项针对措施,将"工作中多一份责任,安全就多一份保证"的责任意识真正融入每一个岗位、每一个工作环节中。

(10) 防

注意一个"防"字。要有超前预测预防意识,消除人的不安全行为、物的不安全因素和环境对人的影响,使班组在现场生产活动中形成自保、互保、联保的三道安全防线。紧密结合班组生产实际,向大家传授安全操作规程、安全技术要领和应急预案、危险源辨识以及应对措施,不断提高班组员工的安全生产技能,把保证班组的生产安全,保护员工生命安全作为自己的天职,忠于职守,做到防患于未然。

总之,在班组安全文化建设中,通过"十字经"管理,能够有效地保障班组安全生产,也能为班组安全文化建设起到促进和保障作用。

95. 班组自主安全管理需要文化支撑

班组安全自主管理,就是将班组员工对安全的需求、对生命的关爱转化为员工对各种安全法规、制度的自觉遵守和执行,依靠全体员工的自觉性、能动性管理好班组安全工作。事实上,我们很多企业要么是实行传统安全管理,要么就是班组安全自主管理,在实施过程中会存在一系列的问题。如班组安全文化缺失,即使有也缺乏实际性载体使其不具有较强的操作性;班组长安全知识和安全管理处于较低水平,不能满足班组安全自主管理的需要;自主管理找不到突破口,危险源辨识工作不能切实开展,作业全过程安全管理不到位;安全标准化作业开展不下去,岗位、班组安全不能达标;安全教育培训走过场,员工不能从中提高安全技能和安全意识等。为避免上述问题影响班组安全自主管理的实施,需要从管理重心下移、班组长管理、安全文化建设、安全标准化作业等方面入手解决问题。安全自主管理发展过程见图4-11。

(1) 将安全管理重心下移、关口前移到班组,实行班组安全自主管理

安全工作是一个全员、全天候、全过程的事情,重心在班组、在广大员

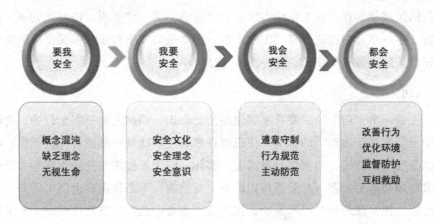

图 4-11　安全自主管理发展过程

工,特别需要我们直接从事生产一线作业的班组长及全体员工来参与、来重视。一线员工天天与安全打交道,他们知道现场的危险性、设备的性能和遇到问题时的操作要点,他们已成为岗位的专家与技术能手。遇到绝大多数安全方面的问题或紧急情况都需要班组长和员工在现场进行解决,只有我们的班组长和员工实行自主管理,做到了讲安全、要安全、重安全、懂安全、会安全了,才能从根本上解决问题,才能杜绝和防范 90% 以上的事故发生。

(2) 实行班组安全自主管理,必须有一个好的班组领头羊

班组长是一个承上启下的基层组织管理者,是班组安全生产的第一责任人,是落实安全生产责任的关键岗位,是实行班组安全自主管理的关键人物。应高度重视班组长的选拔与培养,要求班组长必须具备较强的责任心、管理能力、过硬技术本领、吃苦耐劳精神和模范带头作用,要有一定的组织协调能力和语言表达能力,具备辨识危险源、控制事故的能力,同时班组长要能根据实际情况建立健全班组安全工作目标,制定完善的班组安全生产管理制度。人力资源部门应将班组长分期分批进行培训,聘请内外部专家授课,内容应涵盖安全管理、设备管理、人际关系处理,以提高班组长的管理能力和素养。

班组长应从建立班组员工个人档案、与员工签订安全生产责任状和员工互保安全责任书、签订新员工安全师徒合同等方面入手,做好员工及家属思想工作,有针对性地开展员工教育培训,提高员工安全意识与操作技能,引导员工开展安全自主管理。

现代企业每年开展的安全活动很多,班组长要学会将安全班组建设、安全

标准化工作、安全示范班组创建、安全活动月、职业健康安全管理体系认证、安全隐患排查整改、解决安全生产中突出问题及创建安全文化等工作与日常安全自主管理工作有机结合，做到有条不紊、主次分明。

(3) 实行班组安全自主管理，应培育良好的班组安全文化

安全文化是企业文化的重要组成部分，良好的安全文化是抓好安全管理的灵魂。企业可通过激励、培训等行之有效的措施，促使班组员工牢固树立尊重生命、安全发展的安全生产理念，如"人的生命价值高于一切""追求零事故，一切安全事故都是可以预防的""所有的安全风险都是可以控制的""安全第一，生产第二"等。这些理念体现了企业对员工生命的重视和人文关怀，体现了企业对安全工作的重视程度，在人性化理念指导下，一线班组应建设具有自己特色的安全生产理念。

(4) 实行班组安全自主管理，应重点推行班组安全标准化作业

企业要把每一个班组都作为一个标准化基础单元，内容包括管理标准化、操作标准化、现场标准化，动员全体员工参与标准化达标活动，明确班组长、班员的工作职责，开展多轮次的班组长、骨干人员动员、标准宣贯会和培训班，确定工作节点和考核办法。为推进工作开展，有必要设定数额不等的资金用于奖励在标准化推进过程中在自我检查、自我纠正、自我完善方面有突出成绩的班组和个人。

(5) 班组应认真开好班前会，加强班前、班中、班后全过程管理

在班前会上，班组长要总结当前的安全生产形势，分析岗位及相关岗位发生的典型事故案例，明确当天的工作任务，指定监护人与责任人，讲解作业安全技术要点，全面分析当班作业现场存在的危险源及预防和应急处理措施，让员工对所从事的作业活动和作业环境所存在的危险源及应急处理措施做到心中有数，并将会议纪要及时记录到班组安全工作记录本上。

各岗位在接班前要对所管区域、所用设备、使用工具进行检查，侧重消除作业环境中物的不安全状态，检查员工精神状态和防护用品穿戴，及时排除事故隐患。班中要对安全防护装置、设备运行动态、危险源、人员的安全站位、安全操作规程遵守及安全风险控制措施落实情况等进行检查，侧重检查安全防护装置完好状况、人员的安全站位及安全操作情况，及时发现、制止和纠正违章作业行为，班后检查侧重检查清理作业现场和工具，不给下班留下隐患。

总之，在班组安全文化建设中，自主管理是对班组充分授权，从而激励班组和个人安全工作自觉性和创造性的管理方式，准确地说是一种管理思想。自主管理全过程充分注重人性要素，充分注重人的潜能的发挥，注重员工的个人目标与企业目标的统一，在实现组织目标的同时实现员工的个人价值。这就是安全文化的体现。

96. 班组安全文化建设的主要途径

一是发动员工制订加强班组安全文化建设的规划。班组安全文化建设是一项长期的任务，要结合具体实际制订长期建设规划和短期计划。重点内容的确定应有针对性，应注意加强班组安全管理工作的弱项和安全文化建设的特点。

二是要把安全文化建设与日常安全管理工作有机结合起来。班组安全文化建设，绝不是离开班组日常安全管理工作而另抓一套，而应该找准切入口和结合处。应从岗位抓起，让员工了解什么是现代安全文化，什么是班组安全文化建设及班组现代安全文化建设包括哪些内容，怎样加强这方面的建设。

三是在班组安全文化建设中应防止出现两种偏向：一种是因循守旧，认为传统的安全文化一切都好，因而拒绝接纳现代安全文化；另一种是彻底否定传统安全文化，认为传统安全文化都不行了，必须以现代安全文化取而代之。实际上，传统的安全文化与现代安全文化之间是有内在联系的，强调加强班组现代安全文化建设，并不否定对优秀传统安全文化的借鉴和继承。

四是通过安全教育培训，让员工了解安全文化的内涵及作用，使广大员工成为安全文化的传承者和开拓者，从而将他们的安全素质提高到更高的层次，为班组安全意识和安全效益的提升注入新的活力。

五是通过互保、互助，大家在工作中互相提醒，互相监督，确保生产过程中的作业安全、操作安全、过程安全，员工之间的互相信任、互相依靠，才是安全文化的建设的真谛，才是安全文化的核心和灵魂。

六是因人而异制订建设计划。班组犹如一个大家庭，是一个具有不同层次的群体。群体中每个人的成长经历不同，个性也不尽相同，都有自己特定的心理环境。这就要求班组领导在工作中不能以自己的处事标准来要求别人,要善于发现对方的长处,因势利导,尊重员工个人的兴趣和爱好,并考虑到每个人的心理状态,注意解决人们在交往中产生的矛盾。

七是给年轻人表现机会。针对班组中年轻人多,上进心强,而且自尊心也较强的情况,应鼓励年轻人多学多问,提倡有经验有技术的同志多讲多教,杜绝以往"留一手"的保守做法,让大家清楚教和问的过程其实也是经验交流的过程,在向别人讲和教的同时也就是对自己知识和经验的加深和巩固。

总之,最大限度地把员工团结起来,使员工感到班组中有关心、温暖、理解和信任,从而产生一种依恋班组的真挚感情,把员工的个性发展寓于班组的共性之中,形成个性与共性相一致的共同利益,充分调动全班的安全工作积极性,创造团结和谐的集体气氛,齐心协力,更好地完成班组安全文化建设的工作和任务。

97. 加强班组安全文化建设的着力点

加强班组安全文化建设,必须给予班组长更大的自主权,必须着力提高班组长的业务素质和管理水平,必须培养独具特色的团队精神,必须根据本班组实际情况,积极开展安全文化活动。班组安全文化建设是企业安全文化建设的重要组成部分,是加强班组安全管理的基础。营造良好的安全文化氛围,实现"要我安全"到"我要安全"的转变,是必须需要思考的问题。

(1) 要给予班组长更大的自主权

班组安全管理基础不扎实是导致管理混乱、事故频发的重要原因。要给予班组长更大的自主权,将生产指挥权、员工优化组合权、二次分配权、评先奖罚建议权、"三违"分析处理权等权限赋予班组长,充分发挥班组长的主观能动性,使安全管理责任真正落实到人。

(2) 要着力提高班组长的业务素质和管理水平

班组长作为基层管理者,其自身素质和管理水平在很大程度上决定了班组的安全生产形势,也直接影响着班组的安全文化建设工作。要把好用人关,通过公开竞争、择优选拔、日常考核等方式,做好班组长选拔工作。要把好"充电"关,建立班组长培训教育长效机制,做好班组长的培养工作。

(3) 要培养独具特色的团队精神

班组安全工作强调互控、他控。要做到这点,就必须培养独具特色的团队精神。要针对班组人员状况和企业的发展实际,开展班组员工安全教育工作,凝聚班组合力。要建立以人为本的管理模式,尊重员工的民主权利,建立优胜劣汰的驱动机制,最大限度地调动班组员工的安全工作积极性。要做好"传、帮、带"工作,营造出团结向上的浓厚氛围。

总之,要根据本班组实际情况,积极开展安全文化活动,通过安全技术问答、安全知识竞赛等形式,让班组员工感到浓厚的安全文化氛围,增强安全意识,切实保障班组生产安全,使班组安全文化建设顺利发展。

98. 班组安全文化建设的必备条件

(1) 做好准备工作,确保生产顺畅

现场管理是安全管理的出发点和落脚点,也是保持安全的主要因素,而现场管理工作的要点则在于做好相关系列准备工作。因此,必须提前做好准备工作,加强现场管理,做好环境建设,规范岗位作业标准化,预防"人""物"的不安全因素,确保生产顺畅。

a. 培养员工专业能力,提高防患意识。控制人的不安全行为,要求工作人员必须按规程和正确方法使用设备;及时发现、处理异常或危险状态;及时巡视检查;正确使用防护用品,熟悉避险方法;准确、及时、全面地提供生产过程中的各种信息资料,不弄虚作假,不隐瞒真相;服从指挥,忠于职守。

b. 加强班组安全管理素质,控制"物"的不安全状态。设备都有寿命,任何设备的故障都有其规律性。因此,班组全体人员要努力掌握故障规律,并要全面掌握设备仪器的使用、点检、保养方法,提高自身综合素质,确保"物"的状态都在掌控之中。

c. 规范工作程序,确保生产规范。要加强班组安全保证体系和安全监督体系建设,建立完善的安全监督网络,并要全面推广使用高处作业平台、手扶水平安全绳、重大危险源标识、职业健康提示等标准化安全设施，切实做到"临边有栏、孔洞有盖，水平保护、垂直保护、交叉保护"和"临时围栏标准化，作业照明永久化，厂区道路规范化，工作用电安全化，氧气乙炔系统无漏点，绿化跟着建设走"。

(2) 做好管理过程，提高防患意识

班组有效的安全过程管理，是实现安全生产目标的必要条件。为此，每个班组在安全文化建设中必须切实做好以下内容。

a. 健全安全管理规定。让员工明白什么是对的，什么是错的；应该做什么，不应该做什么；违反规定应该受到什么样的惩罚，使班组安全管理有规可依、有据可查。对操作人员、作业人员，特别是关键岗位和特殊工种人员，要进行强制性的安全意识教育和安全技能培训，使其真正懂得违章的危害及严重的后果，从而提高自身安全意识和技术水平。

b. 在安全管理上实施行之有效的措施。班组应建立一套安全检查、鉴定、整改的预防体系，成立由班组长和班组"八大员"组成的安全检查鉴定小组，每月对重点装置进行一次检查，并对检查组提出的隐患进行鉴定。

总之，在班组安全文化建设中，必备条件是：必须保证生产畅通；必须提高防范意识。只有保证了生产的畅通，才能保证有时间有精力去搞安全文化建设；只有提高安全防范意识，才能确保班组安全文化建设，而安全文化的建设就是为了提高员工的安全意识，规范员工的安全行为，从而减少和消灭事故，最终达到本质安全。

99. 班组安全文化建设须有一名优秀班组长

俗话说："群雁不乱靠头雁，羊群不乱靠头羊。"搞好班组安全文化建设工作，班组长的作用非常重要；班组长是班组安全生产活动和各项工作的第一责任者，是现场安全工作的直接指挥者和决策者。班组是企业的细胞，是企业安全管理的落脚点，是搞好安全质量标准化、文明生产的第一道防线；是搞好安全生产管理工作的最基本保障；更是有效控制事故的"前沿阵地"和建设安全文化的基础。班组长是班组管理的核心人物，班组长在这个岗位上的磨炼须达到以下几点。

a. 热爱班组工作、坚持原则不含糊，作为班组的带头人，要有强烈的事业心和使命感、大胆管理、坚持原则、善于协调员工之间的关系。

b. 班组长必须能够胜任班组的业务领导工作，具有丰富的技术操作能力和工作经验。

c. 班组长所管辖的员工、设备等做到管理合理、使人尽其才、物尽其用。努力做到班组无隐患、人员无违章、班组无事故。

d. 具有果断处理问题的能力，了解和掌握本班组每个员工的思想动态，做到知人善任、优化劳动组合。

e. 在班组安全文化建设中，能够群策群力、集思广益。能够团结带领全班组成员在完成生产任务的同时，又能使员工的安全技能有所提高，有所创新、有所收获。

强化班组安全文化建设，认真履行各项规章制度是班组保质保量完成生产工作的依据，是从人治走向法制的途径。只有落实好各项规章制度，严格执行操作规程，才能使生产过程中行为得到规范化和标准化。充分发挥班组每个成员的作用。提高自身的管理水平，调动班组广大员工的劳动积极性，努力改变班组员工的思想观念，使班组的各项工作能够得到长足发展。班组长的素质要求见图 4-12。

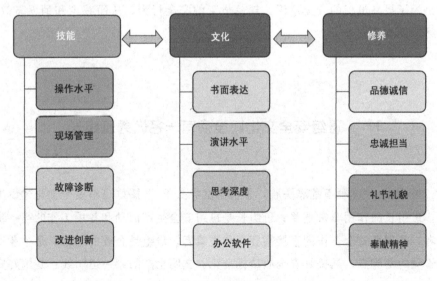

图 4-12　班组长的素质要求

如何抓好班组安全管理以及班组建设工作，班组长应当做到以下几点。

a. 班组长是本班组安全生产的第一责任者。要坚持"安全第一"和"不安全不生产"原则。要抓好设备的管理及检修工作，带头遵纪守法，坚持正规操作按章作业，杜绝本班"三违"现象的发生。

b. 班组长要以身作则，严格履行各项规章制度和职责。自觉执行"双方签名开工"制度，并带头抓好本班的安全生产、工程质量、工时利用率、文明生产等工作，保质保量完成车间下达的各项工作任务。

c. 班组长是工作质量验收的第一责任者，必须对当天工作质量进行全面检查验收，验收合格后由班组长与验收员签字并做好记录。

d. 班组长要对当天的验收得分以及员工的出勤得分等工作，在次日的班前会上进行公布，坚持做到日清月结考核制度的落实。

e. 班组长要认真执行交接班制度，做到交接内容明确、手续清楚，不给下班遗留不安全因素。并且自觉执行各项规章制度。确保本班组安全生产等各项工作的顺利开展。

总之，班组安全文化建设最实用的操作方法是必须有一名优秀班组长。因为班组长影响着班组生产决策的实施，因为决策再好，如果执行者不得力，决策也很难落到实处。所以班组长影响着决策的实施，影响着企业目标利润的最终实现。班组长既是承上启下的桥梁，又是员工联系领导的纽带。班组长是生产的直接组织者和生产的劳动者，所以班组长既应该是技术骨干，又应该是业务上的多面手，还是班组安全文化建设的最佳实施者。

100. 推行"五化三优"安全管理，促进班组安全文化建设

班组推行"五化三优"安全自主管理，班组的安全管理水平大幅提升。"五化三优"安全自主管理即"基础工作制度化、安全管理目标化、班组管理规范化、岗位操作标准化、班组氛围民主化、优化班组安全环境、优化班组成员安全责任心、优化班组责任激励机制"。

(1) 班组安全自主管理方法的探索实践

选拔胜任的员工担任班组长，其素质要求如下。

① 要有良好的政治素质。班组长负责班组的安全生产工作和安全文化建设工作，要自觉服从车间的安全生产管理，要坚持正确的安全工作方向，在原则性问题上要旗帜鲜明，服务于安全生产大局。

② 要有较强的安全理论知识。班组长是排头兵，应好学上进，具有较强的安全理论知识，这样才能用以指导安全管理工作，才能解决问题，为安全生产服务。

③ 要有良好的个人修养。班组长要成为遵守纪律的模范，自觉执行安全规章制度，增强组织的纪律观念。还应有踏实的工作作风，过硬的岗位操作技能，具有一定的组织管理能力和沟通协调能力，对待工作严肃认真，坚持以实际行动解决安全管理问题。

④ 要有强烈的敬业精神。安全工作本身就具有一定的难度，要长期干好不容易，所以班组长要热爱安全工作，要有强烈的使命感和集体荣誉感。

车间要特别注重选拔那些素质优秀的员工作为班组长人选并对其进行重点培养，提高其综合素质，使之能够胜任班组长岗位。

(2) 班组安全实施"五化"管理的内容和做法

① 基础工作制度化。班组的基础工作是班组做好一切工作的基础，更是做好班组安全管理工作的关键。一是要健全安全管理制度，健全完善的安全管理制度是班组开展工作的基础，是规范员工行为的依据，是引导员工的安全标准。二是完善各类安全记录，安全记录是班组安全工作的记载，是班组安全活动的集中反应和安全工作水平的体现。因此班组长要对巡回检查记录、班组安全活动记录、员工安全培训等资料进行真实、及时、准确的填写，做好第一手安全资料。

② 安全管理目标化。班组是一个集体。安全工作要做好，首先要制定安全目标。具体目标、指标做到量值数据化，把目标指标按照各岗位进行分解，形成不同岗位的小目标。其次是安全目标的实施，要实现安全目标就要加强班组成员相互间的信任，增强集体责任感，明确岗位安全责任，激发班组成员对待安全工作的积极性、主动性和创造性，科学开展安全管理工作。再次要开展安全目标的考核，要以岗位责任制为基础，考核要从严从实，严格把关，相互监督考核，对安全目标指标的实施情况每周进行小结，月度进行考核，考核要和安全责任制挂钩，避免以硬指标掩盖软指标的做法。

③ 班组管理规范化。班组是基层生产单位，班组的安全生产行为应该规

范化管理。一是规范员工行为,作为班组主体的员工其行为必须规范,员工的劳动纪律、岗位操作、巡回检查、设备维修保养等工作过程都必须按照制度进行。二是规范班组管理,班组应针对当前存在的薄弱环节,进一步完善班组的岗位责任制、交接班制度等制度,力求用制度管好事,用制度约束人的行为,用制度规范班组的安全管理。三是规范班组安全监督,班组应建立班组长与成员之间、成员与成员之间的相互监督,对"三违"行为都有权利提出批评,也都有义务接受批评,安全工作人人平等,不能有特权。

④ 岗位操作标准化。岗位标准作业程序是目前推行比较成熟的管理方法,班组员工操作应以岗位标准作业程序为指引,规范操作,按照要求熟知本岗位该干什么,怎么干,干到什么程度,养成良好的岗位操作习惯,提高劳动效率和员工的技术水平,有效杜绝违章操作发生。加强岗位标准作业程序的培训,抓好日常作业的标准操作,在单人作业上让员工通过自我学习和思考,加强业务水平,规范作业行为。

⑤ 班组氛围民主化。班组民主化管理就是充分地尊重人、信任人、培养人,激发人的创造性,最终为企业带来经济效益。班组安全工作只有通过有效调动员工的积极性,培养其对安全工作的热情,让其感受到自身的价值,安全管理工作才能做好。班组安全工作要全员参与,人人出主意,想办法,同甘共苦,这样才会创造出良好的安全成果。

(3) 班组实施"三优"管理的内容和做法

① 优化班组安全环境。一是班组长要学会放权,要保证班组的安全工作决策顺利进行,班组长就要给班组创造良好的执行环境。班组长学会正确的、恰当的放权,以保证各项安全工作的顺利开展。二是班组长要会作安全宣传工作,在推行新的安全管理制度、落实上级新规定、解决安全问题时必须加强宣传和舆论引导,让员工充分地了解形势,充分地认识安全工作,充分地化解各种矛盾和误解,减小开展安全工作的各种阻力。三是安全措施要得力,任何一项安全工作决策的实施都有风险,要保证安全工作决策顺利实施,就必须制定科学、合理的实施预案,对自己可控的风险要有应对措施,对不可控的风险也要制定对策。在出现问题的时候要勇于承担责任,不推不卸,充分为班组创造良好的安全工作环境。

② 优化班组成员安全责任心

　　a. 融合班组成员个人安全情感。只有把班组安全生产和安全文化建设理性与个人安全情感融合起来,才是培养安全责任心的最高层次,才是优化安全责任心的最佳途径。这是因为,只有让班组成员获得更多、更先进的现代班组的安全理性与安全情感资源,让班组成员时刻感到有成就感,觉得自己在社会上,在班组里非常重要,"国家兴亡匹夫有责,班组兴衰舍我其谁",只有具备这一种强烈的安全责任心和使命感的人,才能在班组安全工作和安全文化建设中达到忘我的境界。

b. 给予班组成员适度自由空间。优化班组成员的安全责任心,需要给班组成员一个适度的自由空间,让班组成员的安全情感因素得到自由、自主的释放和发挥。给班组成员一个适度的空间,就是根据班组成员的成长、发展、成熟的不同阶段而采取层次式的安全管理,以获得最大的安全效益。

③ 优化班组责任激励机制

a. 合理安排工作计划、工作分配。作为管理人员,只要对当前的目标做到心中有数,就不难确定工作的重点。在安全文化建设中,可以预先制订工作计划,计划尽可能详细,将计划分清主次,再按照主次将任务分配出去。只有这样,才不至于造成自己忙得不知所措,最后根据任务完成情况来了解每位员工的实际能力,为下一次的工作分配做好准备。

b. 激发员工积极性。员工是公司最宝贵的人力资源,应充分挖掘它、利用它,使之发挥最大的效用。身为班组领导,如果了解了班组每位员工,也就知道如何有效激励他们,只有这样,才能更快地激发员工。在班组安全文化建设中,称赞是最有效的激励方法,因为称赞能使人自我满足,要尊重并及时表扬员工,要花更多的精力去关心他们,只有充分激发员工的安全生产积极性和创造性,形成积极上进的工作氛围,才能取得良好的安全文化建设成果。

参考文献

[1] 崔政斌. 班组安全建设方法100例. 北京：化学工业出版社，2004.

[2] 崔政斌. 班组安全建设方法100例新编. 北京：化学工业出版社，2006.

[3] 崔政斌. 班组安全建设方法100例. 第2版. 北京：化学工业出版社，2011.

[4] 崔政斌，等. 班组安全建设方法160例新编. 第2版. 北京：化学工业出版社，2015.

[5] 崔政斌，等. 班组安全建设方法160例. 第3版. 北京：化学工业出版社，2016.

[6] 崔政斌，杜冬梅. 班组精细化安全管理. 北京：化学工业出版社，2019.

[7] 崔政斌，周礼庆. 企业安全文化建设. 北京：化学工业出版社，2014.

[8] 崔政斌，张美元，周礼庆. 杜邦安全管理. 北京：化学工业出版社，2019.

[9] 王秉，吴超. 安全文化学. 北京：化学工业出版社，2018.

[10] 罗云. 注册安全工程师手册. 第2版. 北京：化学工业出版社，2013.

[11] 崔政斌，周礼庆. 危险化学品企业安全管理指南. 北京：化学工业出版社，2016.

[12] 崔政斌. 略论企业安全文化的价值核心. 安全与环境，2022，(3).

[13] 崔政斌. 提高职工安全素质的途径. 化工管理，1997，(7).

[14] 崔政斌. 安全文化是企业安全生产的原动力. 安全，1997，(2).